A S

Franz Hohler
Immer höher

Vorwort
von Emil Zopfi

AS Verlag

www.as-verlag.ch

AS Verlag & Buchkonzept AG, Zürich 2014
Gestaltung und Herstellung: AS Verlag, Urs Bolz, Zürich
Lektorat: Emil Zopfi, Zürich
Korrektorat: Alfred Mathis, Willstätt
Druck und Einband: Kösel GmbH & Co. KG, Altusried-Krugzell
ISBN 978-3-906055-19-0 (Gedruckte Ausgabe)
ISBN 978-3-906055-24-4 (eBook)

Inhalt

Traumberge

Wir hatten zusammen den Berg über unserem Dorf bestiegen. Ein Einheimischer fragte später: «War das wirklich der Hohler, mit dem ihr dort oben gewesen seid? Ich habe den Eintrag im Gipfelbuch gelesen.»

«Ja, das war der Franz Hohler.»

«Der richtige?»

«Ja, der richtige.»

Der Mann staunte. Für ihn war Franz Hohler der Kabarettist aus dem Fernsehen, der mit dem Cello und den gesellschaftskritischen Texten. Auch von Kinderbüchern hatte er schon gehört und von der Novelle «Die Steinflut», die in der Gegend handelt. Aber dass ein so Prominenter auf «unsern» Berg geklettert war, der ja nicht ganz einfach ist, das konnte er sich nicht vorstellen.

Franz Hohler ist nicht als Bergsteiger bekannt, obwohl er einer ist, ein ausdauernder und starker Gänger sogar, wie wir aus den Texten in diesem Buch erfahren, in denen er uns «immer höher» führt – von einem Gipfel wenige hundert Meter über Meer bis auf etliche Vier- und einen Fünftausender. Wir steigen mit und es ist ein angenehmes, ruhiges, fast beschauliches Wandern und Gehen und Klettern, mit offenen Augen und wachem Sinn: atmen, denken, sehen und auch schweigen. Dort hinauf, wohin es eigentlich «keinen Grund zu gehen gibt» und man trotzdem geht, dorthin, «wohin man nur mit Geduld kommt».

Auf einen Gipfel zum Beispiel. Einen Hausberg vielleicht, einen Traumberg oder einen Grat am Himmelsrand. Allein, zu zweit, selbdritt. Mit dem Sohn, mit seiner Frau Ursula, mit Freunden. Auch am Seil des Bergführers Adolf Schlunegger, mit Pickel und Steigeisen über Abgründe balancierend. Kein Bergdrama erzählt er, weder von Erfrierungen noch von Leichen oder dramatischen Rettungsaktionen ist die Rede, wie man es von alpinistischer Literatur erwartet. Immer höher führt er uns, doch immer bleibt es «eine ganz gewöhnliche Bergtour». Keine Heldenpose also. Dafür Poesie. Überraschende Beobachtungen, ergreifende Stimmungen. Der Eiger im Mondlicht, die Sonnenfinsternis auf dem Weisshorngipfel.

Dabei kommt nie das Gefühl auf, Franz Hohler steige auf Berge, «um dem Gefängnis zu entrinnen», wie sein Beinahe-Namensvetter Ludwig Hohl schrieb. Sein Blick vom Gipfel ist gelassen, aber nie unkritisch. Er stellt fest, wie die Gletscher schwinden, stellt sich vor, wie es sein wird, wenn es sie nicht mehr gibt. Wenn sich dafür die Siedlungen im Tal «wie Gletscher der Eiszeit» ausbreiten. Er kehrt gerne zurück ins Tal, nach einem Imbiss in einem Bergrestaurant vielleicht, beglückt und mit neuen Traumbergen im Kopf.

«Darf man über so etwas überhaupt schreiben?», fragt er sich. Die Antwort ist – unter anderem – diese Sammlung von Erlebnisberichten, unspektakulär und doch so hautnah erlebbar, dass man wünscht, man wäre dabei gewesen, hätte mit ihm geplaudert und geschwiegen, beobachtet, Tee getrunken, Dohlen gefüttert.

Viele der Touren machen neugierig, manche wecken eigene Erinnerungen, eine sind wir zusammen gegangen. Welche? Dieses kleine Rätsel überlasse ich den Leserinnen und Lesern.

Emil Zopfi

MONTE ROSSOLA
653 m

Der erste Berg

Oberhalb von Bonassola an der ligurischen Küste erhebt sich der Monte Rossola, die Karte bescheinigt ihm 653 Meter über Meer, ein Mass, das hier sozusagen direkt überprüfbar ist, von seinem Gipfel leuchtet ein weisses Kreuz herunter, und von unten sieht er aus, als sähe man von oben wunderbar hinunter.

Die Karte der Gemeinde Bonassola, welche im Dorf angeschlagen ist und die markierten Wanderwege zeigt, ist im Laden nicht zu bekommen, ich versorge mich mit einer Wanderkarte 1:25 000 der Region und merke mir auf der Dorfkarte, wo man vom Weg nach Lévanto abzweigen muss, um über den Grat auf den Gipfel zu steigen. Die Wanderkarte weiss nichts von einem solchen Weg.

Und wir finden ihn auch nicht, als wir in der Morgenfrische auf den Weiler Scernio zugehen, durch ein kleines Tobel mit riesigen Schilfpflanzen und einen Pinienwald, der Nase und Lungen schmeichelt. Man ist schon etwas verwöhnt von den grellgelben Wegweisern in der Schweiz, die einem unerbittlich zeigen, wo's langgeht. Hier gilt es, rote Punkte oder kleine blaue Kreise mit Zahlen zu finden, die auf Mäuerchen oder

Felsen aufgemalt sind, aber der überwachsene Pfad, der nach links abzweigt, dürfte es kaum sein, die Farbe auf dem kleinen Wegpfahl könnte zwar mit etwas Phantasie als verblasstes Rot ausgelegt werden, doch meine Frau nimmt ihre Vermutung nach meinen Zweifeln gleich wieder zurück, immerhin ist es ein Gipfelweg, und er sollte gar nicht rot markiert sein, sondern mit einem grünen 7b, und ein solches ist hier nirgends auszumachen, also gehen wir weiter, biegen beim nächsten Weiler in einen Olivenhain, eher gefühlsmässig, da wir uns nun unter der Bergschulter befinden, über die es irgendwo aufwärts gehen sollte, aber stattdessen erreichen wir die Autostrasse nach Lévanto.

Meine Wanderkarte schlägt statt des ihr unbekannten 7b eine andere Direttissima vor, die bald hinter der folgenden Kreuzung beginnen soll, eine gestrichelte blaue Linie, die sogar einen Namen trägt, Valle Santa, ein alter Pilgerweg wahrscheinlich, sage ich kenntnisreich zu meiner Frau.

An der Kreuzung steht zu Beginn des Fahrwegs, den wir betreten, ein Auto, aus dem leise Musik ertönt, ein Kurzgeschorener sitzt am Steuer und zieht eine Antenne aus seinem Funkgerät.

In der Runse, in welcher die Karte den gestrichelten Weg vermutet, ist nichts Heiliges zu erkennen, es kämpfen sich auch keine Büsserscharen den Berg hoch, und so beschliessen wir, weiterzugehen und den Berg zu umrunden, denn auf seiner Rückseite verspricht die Karte einen roten Wanderweg, unnummeriert, aber existent. Die Strasse prallt nun an einer Barriere ab, hinter der eine beachtliche Villa zu sehen ist. Wir werden nach unten ins Gebüsch abgedrängt und stossen hier zu unserer Verwunderung auf einen kleinen Wegweiser mit der Aufschrift «Mte. Rossola». Na also. Kinderstimmen ertönen von der Villa her, entweder gehören sie zur Familie eines hochgestellten Politikers, Wirtschaftsmannes oder eines Mafioso, was ja oft auf dasselbe herauskommt. Vor drei Jahren hat hier fast der ganze Berg gebrannt, man sieht immer noch viele verkohlte Baumstrünke, doch die Villa, die mitten in einer Brandschneise steht, blieb offenbar unbeschädigt.

Nun geht es auf einem alten Fussweg gemächlich durch ein unzerstörtes Waldstück höher, wir kommen an zwei alten Steinbrüchen vorbei und blicken auf ein Dorf hinüber, das den malerischen Namen Lavaggiorosso trägt. Der Anblick ist uns vom Tessin her vertraut, auf kleinster Fläche zusammengebaut und ringsum terrassiert, allerdings, und auch das kennen wir vom Tessin, sind die Hälfte der Terrassen überwachsen, die städtischen Arbeitsplätze liegen zu nahe.

Nun erzähle ich meiner Frau aus den «Verlobten» von Manzoni, wie einer der beiden Schurken die unschuldige Lucia aus dem Frauenkloster in Monza herauslockt und entführt, und wir zittern mit ihr in der düsteren Burg des Entführers und hätten ihr von ihrem Versprechen abgeraten, das sie hier der hl. Maria gab, nämlich wenn diese sie aus ihrer Lage errette, wolle sie ihrem Verlobten entsagen und ins Kloster gehen, aber für derlei Ratschläge kommen wir fast zweihundert Jahre zu spät. Trotzdem hoffen wir inständig auf eine Errettung Lucias, die sich im besten Fall heute Nacht, wenn ich im Buch weiterlese, zutragen könnte.

Jetzt haben wir den Berg zur Hälfte umwandert, und von einem kleinen Pass gehen wir auf der kahlen Krete zum Gipfel, kommen noch an einem überlebensgrossen Radarschirm vorbei, der uns anzeigt, dass wir nicht in einer Wildnis sind, sondern in einem Koordinatennetz, in welchem uns möglicherweise Kurzwellen durchdringen, von denen wir nichts wissen, und vielleicht, wenn ich an den Funkgerätemenschen denke, marschieren wir die ganze Zeit in einem Fadenkreuz, denn nun stehen wir weit oberhalb der prominenten Kinderlärmvilla auf dem Gipfel, und auf der einen Seite sehen wir den Küstengürtel und das Meer, auf der andern Seite die Hügelzüge des Landesinnern. Ein kräftiger Wind bläst, von unten wird eine Auswahl von Geräuschen hochgespült, das kurze Hupen von Autos auf kurvenreichen Strassen, das Rattern eines Zuges, die Brandung des Meeres, und irgendwo schlägt jemand mit einem Hammer auf Metall.

Es ist der erste Berggipfel, den ich dieses Jahr zu Fuss erstiegen habe, und ich kann mich der kleinen Magie des Gipfelgefühls nicht entziehen, nämlich dass es von hier nicht mehr weiter hinaufgeht, sondern nur noch hinunter. Für dieses Gefühl gehe ich weit und lang, es ist immer gleich und immer anders.

Das Kreuz, das man von unten sieht, steht etwas weiter vorn. In seiner Nähe essen wir Brot und Käse und eine Melone, trinken Zitronenmelissensirup, den ich selber gemacht habe, und gehen dann auf dem sehr gut erkennbaren Pfad 7b ziemlich steil hinunter, über abgebrannte Bergbuckel, durch Ginster, Heidekraut und Maquis, der so dicht und dornig ist, dass ich die langen Hosen anziehen muss, und ganz zuletzt kommen wir bei der Abzweigung mit dem verblassten roten Punkt heraus, auf dem Weg, von dem ich überzeugt war, dass er es nicht sein könne, und meine Frau lächelt mir zufrieden und kampflustig zu.

FROHBURG
813 m

Frohburg

Beim Restaurant «Eisenbahn» in Trimbach, der Endstation der Buslinie, suche ich den Einstieg zum Weg, den ich vor mehr als vierzig Jahren zum letzten Mal gegangen bin. Ich möchte wieder einmal zum Kreuz hinauf, das auf einer schwindelnd hohen Fluh steht, und von dort zur Ruine Frohburg hinüber. Am Waldrand bei der grossen Kurve der Hauensteinstrasse entdecke ich hinter Haselbüschen an einem Pfosten einige verjährte Wegweiser, gelb zwar, wie die heutigen, aber aus Holz, Zeitangaben fehlen, und zum Teil sind die ersten Buchstaben der Ziele als spitzbogige Majuskeln geschrieben. Auf einem steht «Gratweg Geissfluh», und ich lasse das Laubwerk wieder über ihm zuschnappen und nehme die Fährte auf.

Geheimnisvoll beginnt er, der Weg, als Waldtunnel, die Äste der Bäume und Sträucher wachsen über meinem Kopf zusammen. Er macht zunächst ein paar Kurven, hält sich aber vom Grat fern, und so verlasse ich ihn, bis ich finde, was ich suchte, eine kleine, kaum erkennbare, kaum begangene Gratspur, zum Teil von Gestrüpp überwachsen, aber stets hart an der jäh abfallenden Kante entlang. Das gefiel mir, als ich jung war, und es gefällt mir immer noch. Sobald ich auf dem Grat bin, reisst die Sonne Löcher in die dicke Wolkendecke, und gelbe Buchenblätter und rote Ahornblätter flammen auf.

In der Scharte, die ich nach einer Weile erreiche, steht der Mast einer Hochspannungsleitung, er ist noch mit «ATEL Olten» angeschrieben, das hiess «Aare Tessin Elektrizität». Die Gesellschaft ging kürzlich in einer Fusionswelle unter und tauchte unter dem Namen «ALPIQ» wieder auf. Eigentlich müsste also das Täfelchen am Mast Nr. 104 der Leitung Gösgen-Flumenthal ausgewechselt werden, aber ich glaube nicht, dass der Verwaltungsratspräsident der unaussprechlichen Firma je hier vorbeikommt. Sogar die Jahreszahl ist vermerkt, 1959, da besuchte ich die letzte Klasse des Oltner Progymnasiums und spielte im Schülertheater beim «Jedermann» den Mammon.

Nach etwas mehr als einer Stunde stehe ich beim Kreuz. Es ist grösser, als ich es in Erinnerung habe, und es ist mit Neonröhren ausgestattet, die auch am Tag brennen. Kein Christus hängt daran, nur ein Schaltelement mit Kabeln. Eines davon geht durch eine gerippte Kunststoffröhre direkt in den Fels hinein, ich frage mich, wo es den Strom hernimmt.

Die Felswand gleich hinter dem Kreuz fällt erschreckend tief ab. Ich denke an den jungen Mann, den ich kannte und der sich von hier in den Abgrund stürzte. Wie viel Dunkel und Hoffnungslosigkeit braucht es, bis man solch einen Sprung macht, machen muss?

Dann steige ich vom Felskopf ab und gehe weiter zu seinem Nachbarn, auf dem die Ruine der Frohburg steht. Wer hier oben thronte, besass die Kontrolle über die Verkehrswege und konnte Zölle erheben und Städte gründen, Olten etwa, das der Burg praktisch zu Füssen liegt, oder Zofingen, fast in Sichtweite.

Ich versuche mir vorzustellen, was das für Zeiten waren, da man über Land ritt, seinem Pferd Halt gebot, den Speer in den Boden rammte und sagte: «So, hier bauen wir eine Stadt.»

Doch irgendeinmal zerbröckelte die Burg, und heute sind von hier die Bauten der neuen Beherrscher zu sehen; ganz in der Nähe, auf einer Juraweide, eine Relaisstation für all unsern Mitteilungsverkehr, deren rotweisse Spitze triumphierend in den Himmel ragt, in der Ebene der dampfende Turm und die Reaktorkugel des Atomkraftwerks Gösgen, einem Machthaber der Energie, welchem auch der Mast Nr. 104 untertan ist.

Auf dem Burggelände wächst dort, wo einst ein Rittersaal war, eine Linde, zum Abschied des Jahres mit ihrem schönsten Gelb beflaggt. Vor der Ruine ein heutiger Wanderwegweiser, Ruine ist mit ou geschrieben, Rouine. Schon wieder etwas, das man auswechseln sollte.

Und der Hauensteinpass ist nicht weit. Die Frohburger sind ausgestorben, so dass ich problemlos und zollfrei in den Bus nach Olten einsteigen kann.

LÄGERNGRAT
815 m

Lägerngrat

Wir haben unsere Landstriche bis zum Äussersten aufgefüllt. Unsere Haupttätigkeit, der wir geradezu erbittert nachgehen, ist das Wohnen. Wie Gletscher der Eiszeit kriechen unsere Siedlungen durch die Flusstäler, legen sich um die Seen, werden auf die Hügel gedrängt. Sie treiben Flüchtlinge vor sich her: Stille und Einsamkeit.

Die gefallen mir aber, die suche ich, und vielleicht sind sie näher, als die Luftaufnahmen unserer Gegend vermuten lassen.

Nach zwanzig Minuten Zugfahrt verlasse ich die Bahn in Baden, gehe durch die Altstadt zur Limmat-Holzbrücke hinunter und steige einen Treppenweg zum Schloss Schartenfels hinauf. In der Nacht und heute Morgen ist Schnee gefallen, auf den Stufen ist er bereits ausgetreten.

Zwei junge Frauen überholen mich nacheinander, die eine ermahnt mich, als ich ihr mein Ziel nenne, zur Vorsicht, ebenso wie der Wegweiser beim Schloss Schartenfels, welcher das Wort «Gratweg» mit einem Ausrufezeichen verschärft.

Ich weiss das, bin wintertauglich ausgerüstet, habe den Wanderstock dabei, den ich aus dem Rucksack ziehe und verlängere, während sich hinter dem Schloss ein Paar küsst, als habe es seine Liebe erst gerade entdeckt.

Und dann wage ich mich auf den schmalen Pfad zwischen den Bäumen und sehe mit Befriedigung, dass ihn heute noch niemand begangen hat, niemand ausser einem Pfotentier. Es folgte so getreulich dem Weg, dass ich mich von seinen Spuren leiten lassen kann, ich beschliesse nach einer Weile, es für einen Fuchs zu halten. Eine Tafel bittet mich dringend, keine seltenen Pflanzen zu pflücken, doch die Gefahr, jetzt von einer Graslilie, einem blauen Lattich oder einem langblättrigen Hasenohr in Versuchung geführt zu werden, ist gering.

Ab und zu geben die Bäume den Blick frei auf den Häuserbrei von Baden, Wettingen, Neuenhof und Dietikon im Osten, und von Ennetbaden, Turgi und Brugg im Westen, auch die Geräusche sind zu hören, Autos vor allem, manchmal ein Zug. Im Norden hebt sich die düstere Dampffahne des Atomkraftwerks Leibstadt von den noch düstereren Wolken des Tiefdruckgebiets ab, das mit weiteren Schneefällen droht.

Der Weg wird nun immer sichtbarer zu dem, als welcher er angekündigt ist, immer unerbittlicher fallen die Felsen links und rechts ab, und der Schnee macht die speckigen Kalkfelsen noch rutschiger als sie schon sind.

Einen Moment lang habe ich das Gefühl, direkt auf der Erdgeschichte zu gehen, auf diesem Felsrücken, der am Ende der Kreidezeit aus dem Urmeer emporgehoben wurde.

Als sich eine längere, fast baumlose Gratpartie zeigt, versuche ich die in den Schuhsohlen an Gummikränzen versenkten Metallstifte hervorzuholen. Es gibt Einfacheres, als die Schuhe im Schnee auszuziehen, umzudrehen und an ihnen herumzuwürgen, ohne sich die Füsse feucht zu machen, aber schliesslich kann ich die exponierte Stelle nagelbewehrt und in fast alpiner Stimmung überqueren. Seit kurzem folge ich Menschenspuren, die auf einmal aufgetaucht sind, ohne dass ich ausmachen konnte, woher. Der Fuchs ist verschwunden.

Nach dem Gipfelpunkt des Grates, kurz vor dem Lägernsattel, bleibe ich stehen. Nichts ist zu hören. Kann das sein? Oder habe ich durch ein Zeittor die Gegenwart verlassen?

Bikerspuren, ich lächle. Da hat es einem Vergnügen bereitet, sein Rad den kleinen Pass hoch zu stossen. Dann fällt mir ein, dass man auch über meine Spuren lächeln könnte.

Im einsetzenden Schneegestöber schlage ich den Weg unter dem Grat ein, zurück nach Baden.

Bei der Waldhütte Chaltbrünneli halte ich an, knie nieder, um drei Schlucke wirklich kaltes Wasser aus dem Brünneli zu trinken, und setze dann zu einem leichten Laufschritt an, durch das Gefälle beschleunigt, durch den Schnee abgefedert.

Als ich kurz vor dem Schloss Schartenfels einer Frau mit vier Kindern begegne, schaue ich auf die Uhr und merke, dass ich während zweieinhalb Stunden keinen einzigen Menschen angetroffen habe.

HÖRNLI
1135 m

Auf Hörnli

Die S-Bahn von Zürich nach Winterthur um 8 Uhr morgens muss zwischen Pfäffikon und Zürich von einer Horde Informationshungriger heimgesucht worden sein. Auf allen Sitzen zerlesene Zeitungen, «Tages-Anzeiger», «NZZ», «Zürichsee-Zeitung», und dazwischen als Amuse-Bouche «20 Minuten». Ich selbst bringe den «Zürich Express» mit und lese, dass die Schweizer Expedition am Mount Everest auf 8600 Metern umkehren musste, und dass die Schweizer das eisenbahnfreudigste Volk der Welt seien, knapp haben wir die Japaner geschlagen, mit 1923 gefahrenen Kilometern pro Einwohner und Jahr, wie immer man so eine Zahl ermittelt. Wäre ich auch befragt worden, hätte ich sicher mitgeholfen, den Durchschnitt in die Höhe zu treiben. Jetzt zum Beispiel steige ich in Winterthur um, um mich nach Bauma im Tösstal befördern zu lassen.

Dort steige ich aus, nehme zuerst mein Taschenmesser hervor und justiere den darin eingebauten Höhenmeter anhand der Angabe auf dem Wanderwegweiser. Ein Spielzeug, das mir einer meiner Söhne zu Weihnachten geschenkt hat – wieso soll ich nicht spielen damit? Aus der Telefonkabine am Bahnhof versuche ich, einen Menschen in leitender Stellung zu erreichen, der aber, wie mir seine Sekretärin bedauernd mitteilt, bereits am Telefonieren ist, und ich gebe ihn für heute verloren. Auf dem Bahnhofsvorplatz stehen zwei edle, hohe Vierradantriebsautos in gegenläufiger Richtung nebeneinander, und die beiden Fahrerinnen halten durch die geöffneten Fenster ihren Morgenschwatz. Wahrscheinlich braucht man solche Wagen, wenn man irgendwo am Hang oben ein umgebautes Bauernhaus bewohnt.

Es gelingt mir nicht rechtzeitig, der Tafel des Wasserlehrpfades, der hier beginnt, auszuweichen, und meine Augen, die buchstabensüchtig sind, wollen meinem Gehirn die Jahreszahlen der verheerenden Überschwemmungen und der Flusskorrektur im vorletzten Jahrhundert mitteilen, doch der Hirnportier weist sie ab, Zahlen haben wir schon genug, sagt er.

Nachdem ich dem gebändigten, aber immer noch kraftvollen Fluss eine Weile gefolgt bin, überschreite ich eine Brücke und trete in dichten Wald ein. Da das Tal sehr eng ist, steigt der Pfad sogleich steil an, und bald erklingen äusserst melodiöse Vogelrufe, mein Hirnportier fragt beim Hirnarchivar nach, aber der kann den Gesängen keinen Namen zuordnen. Sind sie deshalb weniger schön? Nein, meint der Poet, ja, findet der Archivar, der mir sehr gern sagen würde, hörst du, ein Waldlaubsänger, oder, das ist ein Pirol!

Die Sonne scheint durch das Geäst auf den feuchten Waldboden, und er ist wie eine Reinigungsanlage, aus welcher der Alltag langsam herausgefiltert wird. Einmal trete ich auf eine Lichtung mit einer Blumenwiese, schaue um mich und sehe fast nur Wald, weit entfernt zwei, drei Bauernhäuser, dahinter die Alpenkette, aber keine einzige Hochspannungsleitung, keine Bergbahnstation, keine asphaltierte Strasse, kein Bahngeleise, nichts, das unser Jahrhundert verrät, als seien wir in der Epoche der Landnahme und der Rodungen durch die Alemannen. Ein böses Geräusch am Himmel, ich sehe einen Helikopter, weiter oben die Kondensstreifen eines Düsenflugzeugs, und ich bin wieder im richtigen Zeitalter.

Heiletsegg heisst ein Gehöft, von dem aus ich erstmals den bewaldeten Gipfel des Hörnli sehe, aus dem ein Sendemast ragt, zuoberst rot-weiss bemalt wie eine gigantische Baulatte. Von einer Mähmaschine, die unten am Abhang steht, kommen zwei Sennenhunde herauf und beschnuppern mich, eine Routinekontrolle, ich darf weitergehen.

Wenig später überhole ich den einzigen Menschen, der auf demselben Weg unterwegs ist, es ist ein älterer Wanderer in Knickerbockerhosen, deren Schnallen unten geöffnet sind, er muss auf offener Strecke vom Hunger übermannt worden sein und isst, den Blick aufs Hörnli gerichtet, stehend ein Brötchen, damit er nicht kurz vor dem Gipfel entkräftet umkehren muss wie die Schweizer am Mount Everest.

Ich erreiche mein Ziel eine Viertelstunde früher, als es der Wegweiser in Bauma von mir erwartete, und fühle mich wieder stark. Der Höhenmesser behauptet, wir seien auf einer Höhe von 1135 Metern, das sind nur 2 Meter mehr als die Karte angibt, ich will nicht pingelig sein und bin zufrieden mit ihm. Eine Schulklasse ist da, der Lehrer picknickt mit den Mädchen, die Buben rennen etwas weiter vorn am Waldrand herum. Später trifft auch der Knickerbockerwanderer ein und setzt sich genau unter das blecherne Dreieck des Triangulationspunktes.

Ich setze mich auf ein überaus niedriges Bänklein in der Gipfelwiese, unter dem in einer Pfütze eine flachgetretene Marlboro-Packung liegt, von ein paar Zigarettenstummeln umgeben, esse eine Cervelat und ein Stück Brot und trinke frischen Holundersirup dazu.

Dann lese ich im Gras vor mir zwei durchsichtige Plastiktüten auf, trage sie zur Abfalltonne des Bergrestaurants, das sich an den Gipfelabhang drängt, und nehme am Selbstbedienungskiosk einen Espresso.

Beim Abstieg nach Steg komme ich an einem Tälchen vorbei, durch das ein Bach mit einem kleinen Wasserfall fliesst, so grün, bemoost und sonnendurchflutet, dass ich stehen bleibe und auf eine Flussgöttin warte, oder eine Quellnymphe, oder wenigstens auf ein Zwerglein mit einem gläsernen Wasserrad. Als kein solches Wesen auftaucht, gehe ich weiter bis zum unbedienten Bahnhof Steg, sage zwei entgegenkommenden Ausländerinnen auf ihre Frage, ob sie richtig «auf Hörnli» seien, ja, und sie sollen immer den gelben Zeichen folgen.

Da ich noch etwas warten muss, pflücke ich auf einer ungepflegten Wiese neben dem alten Güterschuppen Salbei, Margeriten, Lupinen, Habermark und Rispengräser, um sie als Nachricht aus dem Tösstal nach Hause zu bringen, und steige dann in den Zug, als wäre die ganze Welt in Ordnung.

REGITZER SPITZ

1135 m

Regitzer Spitz

Zwei Freunde treffen sich nach längerer Zeit wieder, um gemeinsam einen kleinen Gipfel zu besuchen, einen Gupf, einen Spitz, der sich vorwitzig aus der hohen Bergkette ins Rheintal hineinschiebt, und vom Moment an, da sie in der Eisenbahn sitzen, nehmen sie ein Gespräch auf, ein Gespräch, das sich nährt von dem, was war, von dem, was ist und von dem, was sein wird.

Sie haben das Glück, sich schon lange zu kennen, und so erstreckt sich das, was war, nicht nur auf gestern oder den vergangenen Sommer, sondern weit zurück bis in die fernen Tiefebenen ihrer Jugend, aus denen sie aufgebrochen sind, und das, was ist, erscheint im rasch wechselnden Programm des Zugfensters und gibt Anlass zu Erwägungen über Wolken, Wind und Sonne sowie die Schneegrenze, und wenn sich ein Tal öffnet, erhebt sich das, was sein wird, Pläne, Projekte, Ziele, wie der Gebirgshorizont des Tales im Dunst.

Nichts vermag an diesem Tag den Gesprächsfluss aufzuhalten, weder das Umsteigen auf den Bus noch das Aussteigen im Weinbauerndorf, das seiner wohlgepflegten Schönheit wegen kürzlich mit einem Preis ausgezeichnet wurde, noch der Gang durch die gelb leuchtenden Weinberge, vor denen eine Tafel verkündet, das Pflücken von Trauben, auch der Mundraub, sei strengstens verboten. Sie nehmen das Wort «Mundraub» mit in den Wald, lassen sich auch durch den steiler werdenden Weg nicht von ihrem Gespräch abbringen, noch durch die merkwürdigen Gebäude auf der grossen Alpwiese, für Bunker zu schwach, für Alphütten zu stark, aber in irgendeiner Form der Verteidigung des Landes dienend, wie der ganze Felsriegel. Ein Schild auf einer Barriere warnt vor dem Begehen der geplanten Abstiegsroute wegen Schiessübungen, und als sie auf dem Spitz mit seiner unerwartet schönen Sicht auf das Rheintal und seine Weingärten ankommen, setzen sie sich, essen ihre Brote, trinken ihr Wasser, bieten sich Mitgebrachtes an, das sie zusammen mit Worten und Sätzen austauschen.

Für Verwunderung sorgt ein Paar, das etwas später eintrifft und sich ungeachtet der beiden Wanderer, die sich gerade mit dem Selbstauslöser fotografieren, auf den Boden legt. Sie breiten ihre Windjacken über sich und lachen darunter, gierig auf ihre Körpernähe, der Einstieg zum Abstieg liegt knapp hinter ihren Köpfen, der Mann wirft den Freunden einen raschen Blick von unten zu, als diese über die Verliebten hinweg im Wald verschwinden.

Abwärts bewegen sie sich nun in Richtung der Landesgrenze, doch kurz vor dem Eintritt ins Fürstentum Liechtenstein entschliessen sie sich für den längeren Weg, wenden sich und wandern unter den hohen Felswänden zum preisgekrönten Dorf und seinen Weinbergen zurück, und je näher das Ende des Ausflugs rückt, desto intensiver schöpfen sie aus ihren Gedanken- und Erlebnisvorräten, um ja nichts auszulassen, das sie sich mitteilen wollten.

Andere mögen, aus dem Zug zu diesem Gipfel schauend, einen blossen Felsspitz erblicken, aber für die zwei Freunde wird er künftig von einer unsichtbaren Wolke von Wörtern umschwebt sein.

HELLCHÖPFLI
1231 m

Hellchöpfli

Eigentlich hatte ich Nebel erwartet.

Meine Vorstellung war das Zelebrieren eines alten Jurasüdfussmusters aus meiner Kindheit gewesen: am Grunde des Nebelmeers mit dem Aufstieg beginnen, dann durch die trübe Decke in die helle Welt mit dem blauen Himmel stossen, sich eine Weile in ihr bewegen mit dem Hochgefühl, jetzt, wo die meisten unten sind, oben zu sein, und dann wieder hinunter ins Nassgraue zu tauchen, zu den meisten. Aber als ich um zehn Uhr in Balsthal aus dem Postauto stieg, hatte sich der Nebel bereits aufgelöst.

Einen Moment stand ich noch in der Sonne, dann begab ich mich an der Geisterstadt der alten von Roll'schen Eisenwerke vorbei in den Schatten des Jurabergrückens, den ich heute überschreiten wollte. Eine junge Frau mit einem graumelierten Riesenpudel ging so lange auf gleicher Höhe mit mir, bis ich meinen Schritt beschleunigte. Es war unwirtlich kalt, Bäume und Büsche waren mit Raureif überzogen, mein Atem dampfte, ich ging gerne bergauf und freute mich über die Bewegung, die mir heute wie ein Geschenk vorkam, von einer unbekannten Knochengottheit überreicht.

Ein Waldgürtel, in dem das ganze Unterholz bis zum letzten Zweiglein mit Reif beschichtet war, liess den Verlauf der Nebelgrenze von heute früh erahnen.

Weiter oben dann drang langsam die Sonne zwischen den Bäumen durch. Als ich die Schwängimatt erreichte, ging im Wohnhaus neben dem Bauern- und Gasthof ein Fenster auf, und die Stimme einer übenden Sängerin schmetterte über die frostige Bergweide. Als ich mich näherte, ging das Fenster wieder zu, und der Gesang erstarb.

Ein Kampfflugzeug der Schweizer Armee raste erschreckend tief über den Jurakamm und zog eine dröhnende Schallschleppe hinter sich her. Schottische Hochlandrinder hoben träge die wolligen Köpfe.

Nun hätte ich über einen Pass nach Niederbipp hinuntersteigen können, aber das Wort «Hellchöpfli» auf dem Wegweiser gefiel mir, und ich beschloss, noch eine Weile auf der Höhe zu bleiben und vor dem Besuch, den ich in Niederbipp vorhatte, diesem Chöpfli einen Besuch abzustatten.

Über dem Mittellanddunst war die Alpenkette wie ein Scherenschnitt vor den Himmel geklebt. Besonders herausgehoben war diesmal das Finsteraarhorn, dessen Gipfel sich matterhornähnlich von den übrigen Berner Alpen abhob.

«Kantonsgrenze» las ich in winziger Schrift auf einem Vermessungsbolzen, der in einen Felsen neben dem Fussweg eingelassen war, und wie als Beweis für den Ernst dieses Wortes war das Gelände nordseits der Krete durch einen hohen Drahtzaun abgesperrt.

Der Felsen musste das Hellchöpfli sein, denn nun wurde man über eine Treppe den Wald hinunter gebeten, es war eine Einladung in den Kanton Bern, der hier bis zum Grat des Solothurner Jura hinaufreicht.

Der Forstweg, auf dem ich jetzt weiterging, sei dem Oberförster W. Haudenschild zu verdanken, las ich auf einer Metalltafel an einem Felsblock.

Bis jetzt war mir nur ein einziges Paar entgegengekommen, umso überraschter war ich, dass in der Bergwirtschaft Buchmatt zwei Wandergruppen sassen, für welche die Wirtin, die zugleich die Serviertochter und die Köchin war, Schnitzel mit Pommes frites zubereitete, das klingelnde Geräusch der tiefgefrorenen Kartoffelstäbchen, die sie in die zischenden Pfannen warf, war bis in die Gaststube zu hören, und nach einer Viertelstunde bestellte ich meinen «Bergteller» wieder ab, setzte mich an den Waldrand in die Sonne und ass mein kleines Picknick, das ich fast immer bei mir habe.

Im Wald waren Motorsägen zu hören, einmal zog ein Traktor einen mächtigen Baumstammladewagen mit einer Kette den Haudenschild'schen Weg hinauf. Von einem Baum rief mir ein grün gestrichenes Schild zu: «Schützet die Bergflora!» und fuhr präzisierend fort: «Seidelbast, Knabenkräuter usf.» Es stammte aus dem Jahr 1957 und schien ebenso schützenswert wie die Pflanzen.

In Wolfisberg lag ein Sennenhund neben einem Miststock und schlief, ein anderer, der eine Niederstammkultur bewachte, bellte mich tapfer an und verfolgte mich ein Stück weit, bis er sicher war, dass ich nach Niederbipp entwich. Vom Berg her kommend, war ich auf einmal nicht mehr sicher, wie das Haus von Gerhard Meier zu finden war, fragte sogar an der Kreuzung im Dorf zwei alte Frauen, die Erste war eine Ausländerin, und die Zweite, die ein Rollgestell vor sich herschob, sagte, das müsse wohl dort drüben sein, und dort drüben war es denn auch, die Gemeinde hat den Weg schon zu Lebzeiten des Dichters in «Gerhard-Meier-Weg» umbenannt.

Ich ging um die kleine Liegenschaft herum, stieg auf der Hinterseite die offene Treppe hinauf, klopfte, rief und trat schliesslich ein, rief nochmals und bekam nun Antwort aus dem Schlafzimmer. Ich hatte meinen Besuch um diese Zeit angekündigt und brauchte also kein schlechtes Gewissen zu haben, schön, dass du uns besuchst, sagte Gerhard, setzte heisses Wasser und Milch für einen Kaffee auf, dann sassen wir am Stubentisch und sprachen, während wir Tasse um Tasse leerten und dazu ein Gebäck assen, das Prousts Madeleine nahekam, über die gestrige Bundesratswahl, die auch er den ganzen Morgen am Fernsehen verfolgt hatte, und über die Ansprache der jungen Bundesrätin nach ihrer Abwahl, dieser Moment habe die ganze Schweiz bewegt, rief er aus, und über den Oberförster Haudenschild, mit dem er noch zur Schule gegangen war, und über die militärische Anlage oben an der Kantonsgrenze, welche, wie er mir sagte, ein Raketenabwehrsystem gewesen sei, das man vor ein paar Jahren aus dem Betrieb genommen habe, und er fragte mich, wie es denn auf dem Hellchöpfli aussehe, er sei nämlich, was ich fast nicht glauben konnte, nie dort oben gewesen, er, der seiner nahen Umgebung ein Leben lang derart verbunden war und das wirkliche Dorf in sein bücherfüllendes Kopfdorf Amrain verwandelt hatte und für den Wandern etwas vom Elementarsten ist, fast wie Wassertrinken – und über die Kinder sprachen wir und ihre grosse Arbeit beim Katalogisieren der Welt, er habe in der Kirche ein dreijähriges Kind gesehen, das bei einer Taufe nach vorn gekommen sei und reglos, mit den Händen an der Balustrade zum Chor, die Zeremonie mitverfolgt habe, und das gehe ihm nicht aus dem Gedächtnis, und warum wir, die Schreibenden, den Kindern so nahe sind, ja als Kindsköpfe bezeichnet werden, was eigentlich eine Auszeichnung sei, da ja auch wir laufend mit der Erschaffung der Welt beschäftigt seien, und später setzte ich mich im unteren Stock auf seinen Lesestuhl am Fenster, als es bereits zu dämmern begann, und las den ersten Satz aus dem Buch «Die wiedergefundene Zeit» von Marcel Proust, das auf dem Fenstersims lag, während er mir in eine Publikation des Schweizerischen Literaturarchivs über sein Werk und sein Leben eine Widmung schrieb, und ich sagte ihm, dass ich ihn um diesen Lesestuhl, der offenbar nur ein Lesestuhl und nichts anderes sei, beneide, und dann fuhr uns die Spitex-Hilfe, die ihm gerade ein neues Bügeleisen gebracht hatte, zum Friedhof, denn ich wollte auch noch Dorli besuchen, bei deren Beerdigung in der Kirche nebenan ich seinerzeit Cello gespielt hatte, und wir gingen unter der mächtigen, ausladenden, pflastersteinsprengenden Ulme hindurch zu ihrem schönen, einfachen Grabstein, Dora Meier-Vogel, 1917–1997, und als er mich nachher zum Bahnhof begleitete und auf eine planierte Fläche hinwies, wo früher die Bäckerei gestanden habe, die Bäckerei, deren Inhaber man während Generationen Beckläng genannt habe, weil sie alle so gross waren, entstand schon wieder hinter dem Niederbipp vor unsern Augen das Amrain im Kopf, und wir gingen langsam, ab und zu hielt er sich an einem Gartenzaun des heutigen Niederbipp ein bisschen fest, wie um sicher zu sein, dass es die Welt um ihn herum noch gab und er sich nicht bereits ganz in seinen kantigen Kopf zurückgezogen hatte, und als wir am Kiosk in der Nähe des Bahnhofs vorbeikamen, erinnerten wir uns an das Foto, das ich vor fast dreissig Jahren von Dorli gemacht hatte, als sie hier Zeitungen und Zeitschriften verkaufte und das auch in der Publikation des Literaturarchivs wiederverwendet worden war, und er bestand darauf, mit mir durch die Unterführung bis auf das Perron zu kommen und erwähnte, dass er als Infanterist im Militär wohl mindestens einmal um die Welt gegangen sei, und als ich in den Zug einstieg, winkte er mir mit beiden Händen und ging dann die Treppe hinunter, zurück in das Niederbipp vor seinen Augen und das Amrain in seinem Kopf.

LAGO DI LEI

1931 m

Ins Leere

Der Anblick ist erwartet, und doch bestürzend.

Als wir den Damm des Stausees im Valle di Lei betreten, liegt dahinter nicht der See, sondern eine Schlammwüste, an deren Grund sich ein Bergbach dahinschlängelt. Vor gut fünfzig Jahren war der Bau der Mauer vollendet worden, und man konnte mit dem Stauen und mit der Verwandlung von Wasser in Strom beginnen. Nun mussten die Ablaufvorrichtungen am Grunde der Mauer zum ersten Mal überholt werden, wozu man den ganzen See auslaufen liess.

Wir gehen auf der Uferstrasse talaufwärts und blicken in die Tiefe, wo alle Hütten und Weiden, die vor einem halben Jahrhundert ertranken, als graue Gespenster vor sich her dämmern. Grundrisse von Ställen sind zu sehen, aus Steinen gebaute Pferche für das Vieh, grossflächige Rechtecke, lange Trennmauern zwischen dem, was einst Alpwiesen waren, sie sind zu einer nutzlosen Geometrie erstarrt.

Im Sommer erstreckt sich der See wie ein Fjord von einem unwahrscheinlichen Blau gegen den Pizzo Stella zu. Heute, an einem der letzten Apriltage, ist es bewölkt, der Berg hat sich verhüllt, auf der Strasse liegen noch Schneereste, von Zeit zu

Zeit geht ein Regenschauer nieder, dann geistert wieder ein Sonnenfleck über den Talgrund.

Etwa bei der Hälfte des verschwundenen Sees steigen wir ab, der Boden wird nun halb sandig, halb schlammig, wir hinterlassen Fussspuren, eine Expedition in die Vergangenheit. Nach einer Weile bleiben wir vor einem Steinhaufen stehen, der einmal eine kleine Kirche war, der heiligen Anna gewidmet. Die Bauleitung hatte seinerzeit verfügt, dass die Kirche abgebrochen werden sollte, weil man nicht wollte, dass sie bei niederem Wasserstand wieder auftauchen könnte, doch die Arbeiter, fast alle aus dem katholischen Italien, hatten sich geweigert, ein Heiligtum zu zerstören. Welches gottlose Kommando den Befehl schliesslich doch ausführte, ist nicht bekannt, aber noch ist zu erkennen, dass das Mauerwerk durch das Dynamit seitlich umgekippt ist. Ein wunderschöner, verschiedenfarbig geäderter Marmorstein hat vielleicht einmal zum Altar gehört. Er liegt wie ein Trost zwischen den andern Steinen – sie alle hat das gleiche Schicksal ereilt.

Wir gehen ins Tal hinunter, kommen an einer Hütte vorbei, vor der ein Wasserrad in den Trümmern eingeklemmt ist, an eingefallenen Häusern, deren Türöffnungen stehen blieben, sogar zwei oder drei Dächer konnten dem Druck des Wassers standhalten; vorsichtig betreten wir eine Hütte, in der noch Gerätschaften an Nägeln hängen und Schürhaken für längst erloschene Feuerstellen an der Wand lehnen. Fast fürchtet man, es könnte auf einmal einer heraustreten und nach den Kühen rufen, mit dem Wohlklang in der Stimme, der auch in den alten Flurnamen mitschwingt, Alpe Rebella, Ganda Nera, Scengio, Palù.

Aber es tritt keiner heraus, die Ruinen liegen am Abhang wie gestrandete Boote von Schiffbrüchigen, die sich vor den Fluten retten konnten.

Der gewölbte Staudamm, dem wir uns langsam nähern, steckt zwischen den Felswänden, als sei ein gewaltiges Raumschiff punktgenau im Tal gelandet und habe Tod und Verwüstung mit sich gebracht.

Doch schon nächste Woche, wenn die neuen Kugelschieber für die kommenden fünfzig Jahre bereit sind, soll das Wasser wieder einlaufen und die Turbinen zum Rotieren bringen, damit unsere Eisenbahnen fahren, unsere Geschirrspülmaschinen brummen, unsere Computer summen und unsere Strassen und Häuser nachts erleuchtet sind.

SPEER

1950 m

Der Speer

Der Speer ist die geologische Ouvertüre zur Kalksinfonie der Churfirsten, schon von weitem erkennbar, wenn man im Zug Richtung Sargans in einer sanften Schlaufe um das Westufer des Zürichsees gezogen wird. Es ist schön, einen Berg, den man besteigen will, in der Anfahrt auch zu sehen und mit sich selbst die Abmachung zu treffen, dass man ein paar Stunden später dort oben stehen wird, während die Zugnachbarn auf ihren Laptops klappern und in ihren Ordnern blättern.

Um halb neun nimmt die Sesselbahn in Amden ihren Betrieb auf, gleich nach Ankunft des Busses aus Ziegelbrücke, und hinter einem jungen Paar, das mit Seil und Helmen auf den Mattstock zum Klettern will, hocke ich mich auf den nächsten Sitz, oder eigentlich werde ich von diesem, ohne dass er anhält, aufgeladen. Oben angekommen, streben die Kletterer tatendurstig der grossen Felswand zu, die an schönen Wochenenden derart überfüllt ist, dass es an ihrem Fuss lange Warteschlangen gibt, der Wanderer hingegen umgeht den Kletterberg und bewegt sich zuerst vom Speer weg.

Auf der asphaltierten kleinen Strasse passiert mich eine Bikerin, als ich meine Shorts anziehe und die Beine mit Sonnencrème einstreiche, «das kann man brauchen heute!», ruft sie mir fröhlich zu, und zehn Minuten später kommt sie mir, nun auf ihrer Talfahrt, entgegengerast und schreit mir «einen schönen Tag!» zu, ich schreie sofort «gleichfalls!» zurück, und sirrend verschwindet sie um die Kurve.

Ein kleiner Pass ist erreicht, und mein Ziel wird wieder sichtbar. Eine Klasse von Halbwüchsigen hilft etwas missmutig einem Wegmacher bei seiner Arbeit. Haselbüsche, die sich in den Weg neigen, werden abgesägt, Steine vom Weg entfernt, aber alle wirken leicht unterbeschäftigt mit ihren Arbeitshandschuhen, Fuchsschwänzen und Gartenscheren.

Höhersteigend sehe ich unterhalb von Schneefeldern die ersten Soldanellen in diesem Jahr, später die ersten Enziane, die ersten Alpenrosen und die ersten Patronenhülsen der Schweizer Armee, welche hier wohl im Herbst den Kampf im freien Gelände übt. Inwieweit sich eine fremde Armee für die Eroberung eines abgelegenen Bergtales interessiert, ist allerdings eine andere Frage.

Vor dem Bergrestaurant Oberchäseren sind zwei Frauen damit beschäftigt, Wolldecken auszuklopfen und Bettdecken über Stangen an die Sonne zu legen, damit ihre Massenlager gerüstet sind, wenn die Wanderscharen hereinbrechen. Die jüngere Frau kommt mit mir zum Restaurationsraum und schenkt mir ein Rivella ein, während die ältere in dieser Zeit d Chüssi schüttlet. Das Wetter beunruhigt die Wirtin, eine dunkle schwarze Wolkenbank verdeckt die Sonne, die Prognose sprach von heftigen Gewittern in den Bergen am Nachmittag, und nun sieht es schon am Vormittag nach Blitz und Donner aus. Sie geht gleich wieder zu ihren gelüfteten Decken, ich stürze mein Getränk hinunter und beschleunige meinen Schritt, um vor dem Gewitter auf dem Gipfel zu sein, den ich nun immer grösser vor mir sehe. Gern hätte ich eine Pause gemacht, um die bizarr geschichteten Felsformen des Federispitzes in meinem Skizzenbuch festzuhalten, aber die Wetterlage entscheidet anders.

Dreiviertel Stunden später bin ich ganz allein auf dem Gipfel, der gekrönt ist von einer kleinen Plattform, mit einem Geländer umgeben, auf das ich sofort mein ganz und gar durchnässtes Hemd lege. Die schwarzen Wolken haben ihre Drohung zurückgenommen und geben sich wieder als harmlose Quellbewölkung aus. Ich esse in Ruhe eine Wurst und ein Stück Brot. Wie auf einem richtigen Berg steckt hier ein Gipfelbuch in einem Blechbehälter, darin sehe ich, woher die zwei jungen Männer stammen, die mir bei den Schneefeldern entgegenkamen, Griess us dum Wallis, schrieb einer von ihnen, Grüsse aus dem Wallis. Es rührt mich, wie sie in einer Zeit der Verflachung der unbetonten Vokale sozusagen auf dem vollen Genuss der Selbstlaute beharren, us dum, ein Klang, als seien zwei Ostgoten über den Speer gezogen, um zu einem langobardischen Heer zu stossen.

Abstiege gibt es viele, man kann sich über einen Kletterweg geradeaus ins Nichts begeben, man kann wieder ein Stück zurück und dann ins Toggenburg hinüber, mich lockt der luftige Gratweg, der nach einer Weile westwärts unter Mergelwülsten auf eine Alp hinunter führt, wo ich meine Halbliterflasche an einer Quelle auffülle. Diese fliesst unter einem Felsen hervor, und ihr Wasser ist das beste, was der Keller von Mutter Erde zu bieten hat.

Es wird nun immer schwüler und drückender, je weiter ich im überraschend grossen Faltenwurf dieses Berges hinuntergelange, und ausblickend auf die durch und durch zivilisierte Linthebene, von Autobahnen und Eisenbahnlinien durchzogen, von Siedlungen, Industriebauten und Flugplätzen besetzt, schreite ich durch grosse Wildnisse voller mächtiger Felsbrocken, die dem lieben Gott beim Formen dieses Bergzuges hinuntergefallen sein müssen.

Je näher ich der besiedelten Welt komme, desto heisser wird es, ich schlürfe aus jedem Brunnen am Wegrand, gehe standhaft an der Aufschrift bei einem Bauernhof, «Junge Hundli abzugeben», vorbei, obwohl mich eines dieser Hundli zusammen mit seiner Mutter geradezu herzergreifend anbellt, und komme schliesslich, nachdem ich etwa 1500 Meter abgestiegen bin, nach Rufi, einem Ort, dessen Namen ich bis heute noch nie gehört habe, frage dort drei ältere Leute, wo hier die Bushaltestelle sei, einer sagt, «dort vorn bei der Wirtschaft», «ein guter Ort», gebe ich zurück, «d Wirtschaft isch aber zue!», ruft mir ein anderer nach, und als ich vor der Wirtschaft stehe, sehe ich, dass sie täglich ab 15 Uhr geöffnet hat. Es ist halb vier, also gehe ich hinein und lasse mir vom ausländischen Wirt, der sie betreibt, einen halben Liter Süssmost und drei Dezi Mineralwasser geben, die ich mir fortlaufend mische und in der Viertelstunde bis zur Abfahrt des Busses nach Ziegelbrücke in langen Zügen trinke, denn in mir drin ist eine Hitze, dass ich es bei jedem Schluck glaube zischen zu hören.

MORTERATSCH-GLETSCHER

2000 m

Der Gletscher

Den Morteratsch-Gletscher im Engadin, so war kürzlich zu lesen, gebe es eigentlich nicht mehr.

Das will ich nicht glauben, und bei der Bahnstation Morteratsch ziehe ich meine Langlaufskis an und beginne mit dem Aufstieg. Am Rand des Fussgänger- und Skatingwegs ist eine Loipenspur angelegt. Dort, wo es nicht allzu steil ist, kann ich sie benützen, sonst muss ich mich mit gespreizten Skis den Weg hocharbeiten.

Auf einem Felsblock am Eingang des Tals ist die Zahl 1878 eingemeisselt und mit roter Farbe nachgezogen. Bis hierher reichte damals der Gletscher. Von da öffnet sich auch der Blick auf die Berggipfel, welche den Talkessel abschliessen, von der Bellavista über den Piz Bernina bis zum Piz Morteratsch, sie gehören zu meinen alten Bekannten, wie der Gletscher auch. Die Seitenmoränen verlaufen auf beiden Seiten des Tals so hoch, dass es einem schwerfällt, sich die ganze Eismasse vorzustellen, die sich hier einst breitmachte.

Es ist Vormittag, noch dringen die Sonnenstrahlen nicht über die Berggrate, das Thermometer an der Bahnstation zeigte minus 10 Grad. Gut für den Gletscher, denke ich und passiere nach einer Weile mit klammen Fingern eine Tafel, die den Stand der Gletscherzunge von 1900 markiert. Es folgen in Abständen von etwa zweihundert Metern und zwanzig Jahren weitere Tafeln, welche den Raum direkt in Zeit umwandeln. Erstaunlich viele Bäume sind seit dem letzten Zungenkuss des Gletschers im Talboden gewachsen, Lärchen vor allem, die schon drei- bis viermal so hoch sind wie ich.

Langsam gleite ich in meinen Jahrgang. Bei der Tafel 1960 merke ich auf. In diesem Jahr war ich zum ersten Mal hier, und immer noch liegt der Gletscher, über den ich damals im Sommer hinunter wanderte, weit hinten. Ab dann wurden die Tafeln alle zehn Jahre gesetzt, und als ich nach fast einer Stunde im Jahr 2000 angelangt bin, ist der Weg zu Ende, aber noch ist die Mündung des Gletschers nicht erreicht. Ich ziehe die Skis aus und gehe zu Fuss zu dem, was vom Gletscher noch übrig blieb. Der Gletscherstumpf, eine schräge, schneebedeckte Wand von einigen Metern Höhe, gibt am Fuss ein Gebilde aus aperem Eis frei, das nicht wie ein Tor aussieht, auch nicht wie eine Zunge, sondern eher wie ein Schlund. Trotz der tiefen Temperatur tropft es von den Lippen dieses Schlunds, und auf einmal sehe ich, was es wirklich ist: ein breiter, geöffneter Mund, der einen unhörbaren Schrei ausstösst, einen Schrei eines Lebewesens in Agonie, einen jahrzehntelangen, jammervollen Todesschrei.

DREI SCHWESTERN
2053 m

Bei den drei Schwestern

Vater und Sohn treffen sich um sechs Uhr morgens am Zürcher Hauptbahnhof, beide etwas verschlafen, besteigen den Zug nach Chur und hoffen auf das baldige Erscheinen der Minibar, um mit einem Kaffee dem Erwachen nachzuhelfen. Es erscheint nur der Kondukteur und antwortet auf die entsprechende Frage, dieser Zug führe keine Railbar. Etwas verärgert erinnert sich der Vater an die Zeit, als der Frühzug noch mit einer Minibar bestückt war, während der Sohn seine Mineralwasserflasche aus dem Rucksack zieht und zu seinem ersten Sandwich greift.

In Sargans, wo sie nach einer guten Stunde aussteigen, eilen sie dann ins Bahnhofbuffet, bestellen sich je einen Milchkaffee und essen so schnell wie möglich ein Gipfeli, das sie mit dem sehr heissen Kaffee hinunterspülen, bevor sie zum Bus rennen, der sie ins Fürstentum Liechtenstein bringt.

Vor der Post in Triesen steht das Taxi, das der Vater in Ermangelung eines vernünftigen Busanschlusses bestellt hat, und der Chauffeur, kein Liechtensteiner, wie seine Sprache verrät, bringt sie nun über eine vielfach gewundene Strasse in die Höhe und gesteht ihnen, als die Kehren nicht aufhören wollen, dass er noch gar nie so hoch hinauf gefahren sei. Gaflei, das der Vater als Ziel angegeben hat, scheint kein Ort zu sein, wie die Karte vermuten lässt, sondern ein Parkplatz vor dem Institut für Philosophie, das weit über den Niederungen des gewöhnlichen Lebens thront, jeder Referent wird tief aufatmen, wenn er hier mit seinem Köfferchen dem Wagen entsteigt, um über die Entwicklung des Dekonstruktivismus oder das Dilemma der postnationalen Konstellation zu sprechen.

Auch der Taxichauffeur atmet auf, als habe er seine Gäste zu Fuss hier heraufgezogen, und Vater und Sohn atmen auf, weil man da oben um diese Zeit noch im Schatten ist, an einem Tag, für welchen bis zu 35 Grad Wärme vorausgesagt sind. Sie möchten heute die drei Schwestern besuchen, und der Wegweiser gibt ihnen zwei verschiedene Möglichkeiten zur Auswahl, sie entscheiden sich für die, welche mit Fürstensteig angeschrieben ist, schliesslich ist man in einem Fürstentum, und der Vater glaubt sich zu erinnern, dass ihm diese Route schon gerühmt worden ist, zudem ist sie um eine Viertelstunde kürzer.

Und schon bald wird klar, woher der Ruf dieses Weges kommt, denn nach kurzem verlässt er den Föhrenwald und sticht in gewaltige Felsrunsen hinein, ein Steinschlagschild warnt wie an einer Autostrasse, und man ist genauso ratlos, wie man sich schützen soll. Die Abgründe sind steil und erbarmungslos; wer hier ausrutscht, führe wohl auf dem lockeren Geröll Hunderte von Metern zu Tale wie das böse Männlein in der Alpensage. Aber Vater und Sohn denken nicht daran auszurutschen, sie halten sich bei Bedarf an den Drahtseilen fest, die den Weg absichern, steigen vorsichtig die Treppenstufen und Eisenleitern hinan und hinunter, indem sie sich gegenseitig über ihr Leben erkundigen, sie machen es so, dass derjenige, der Auskunft gibt, hinten geht, damit er sich beim Sprechen nicht dauernd umdrehen muss.

Und so fragen sie einander, während sie zwischen bizarren Felstürmen über schwindelerregende Tiefen schreiten, wo sie stehen, wie sie sich fühlen, was ihnen ihre Arbeit sagt, wie es mit der Liebe geht, was der Freundeskreis macht und was sie von ihrer Zukunft erhoffen, und dann werden die Felswände durch ebenso steile grüne Abhänge abgelöst, man hat die Schattenseite verlassen, die Temperatur steigt, der Sohn trägt dem Vater wegen dessen Schulterschmerzen das Picknick und die Anderthalbliter-Petflasche, die Schlucke daraus werden gut eingeteilt, denn es sind keine Quellen zu erwarten, weder auf dem Kühgrat noch auf der Gafleispitze, die auf der Grenze zu Österreich liegt. Der Vater erzählt dem Sohn, nach Schaan hinunterblickend, was er von der Geschichte des Fürstentums weiss, das von der Weltgeschichte mehr oder weniger vergessen wurde, und wie er bei einer Vorstellung, die er vor Jahren im «Theater am Kirchplatz» gab, noch erlebte, dass der Veranstalter wie ein Herold in den Saal rief: «Die fürstliche Familie!» und wie sich dann der ganze Saal erhob, bis sich die fürstliche Familie auf ihre Plätze in der ersten Reihe gesetzt hatte, und während es nun über links und rechts fast senkrecht abfallende Schründe geht, berichtet der Sohn dem Vater von der Zürcher Drogenszene und von der Situation der Randständigen überhaupt, und schliesslich erreichen sie die Erste der drei Schwestern, einen Felsbuckel, der nun ganz in Österreich steht. Das merkt man an einem Schild des österreichischen Alpenvereins, das einem das mitteilt, was man schon vor drei Stunden gemerkt hat, nämlich dass man diesen Weg nur begehen sollte, wenn man trittsicher und schwindelfrei sei und über gutes Schuhwerk verfüge. Gutes Schuhwerk haben beide, trittsicher sind beide, schwindelfrei ist nur der Sohn, aber der Vater nimmt sich zusammen.

Manchmal geht ein Lüftchen über den Grat, im Übrigen wird es immer heisser, auch in dieser Höhe, es ist Mittagszeit, und die Flüssigkeitsvorräte nehmen bedenklich ab. Die zweite und die dritte Schwester werden von den beiden Wanderern nur von ihrem steinernen Rocksaum her gegrüsst, es sind markante Kletterfelsen, aber es muss sich um fromme Schwestern handeln, denn beide sind von einem Kreuz gekrönt.

Eine lange Leiter leitet den Abstieg ein, zwischen Felsblöcken wachsen überall Alpenrosen, erste kleinwüchsige Föhren stehen am Wegrand, weiter unten ist als Versprechen von Schatten und Kühle dichter Nadelwald zu sehen, Vater und Sohn nehmen sich ihn für die Mittagsrast vor, da kommen ihnen Sohn und Vater entgegen, voran leichtfüssig der Sohn, mit einem schwarzen Piratenkopftuch, hinter ihm keuchend und schweissnass der Vater, mit einem Strohhut und einem zu schweren Rucksack, spät sind sie unterwegs, es ist fraglich, ob ihnen die Schwestern noch wirklich Freude machen werden.

Vor dem Eintritt in den Wald warnt eine düstere Tafel, man überschreite hier die österreichisch-liechtensteinische Grenze, die Schweizer Wanderer geraten also von einem Ausland ins andere. Nach ihrem Picknick am unteren Waldrand und dem Auffüllen der Flaschen an einem kalten Alpbrunnen überholen Vater und Sohn zwei ältere Männer, sie sind, wie man im Gespräch vernimmt, mit dem Auto hergefahren und werden auf einem demnächst zu erwartenden Parkplatz im Wald von einer liechtensteinischen Cousine des einen abgeholt werden, welche sie dann zurück nach Gaflei zu ihrem Wagen bringen wird.

Später, als Vater und Sohn den Parkplatz bei einem Bergbach erreicht haben, kommt ihnen langsam ein Auto entgegen, die Frau am Steuer lässt die Scheibe herunter und fragt den Vater zweifelnd: «Hans?» Offenbar hat sie ihren Cousin schon länger nicht mehr gesehen.

Vater und Sohn klären im Abstieg die letzten offenen Fragen und lassen sich dann im Restaurant Saroja in Planken erleichtert zwei riesige Panachés servieren, die sie bis zur Abfahrt des Busses mit einem wahrhaft fürstlichen Gefühl austrinken.

BRIENZER ROTHORN
2350 m

Brienzer Rothorn

Das Knie meines Freundes L. ist 83 Jahre alt und macht nicht mehr alles mit. Eigentlich wollten wir letzte Woche zusammen in die Berge, L. und ich, aber da protestierte sein Knie immer noch gegen einen Ausflug in die Alpen, den er ihm kurz zuvor zugemutet hatte. 1200 Höhenmeter seien es am ersten Tag beim Aufstieg gewesen, sagte er, und am zweiten Tag wieder 1200 hinunter. Ein bisschen begreife ich sein Knie.

Deshalb haben wir für heute eine Wanderung ausgesucht, bei der sich die kleinstmögliche Höhendifferenz mit der grösstmöglichen Gebirgsschönheit trifft, es gilt sozusagen, dem Knie so etwas wie einen Bummel vorzutäuschen, denn die Berge, die L. liebt, lehnt sein Knie ab.

Schönbühl heisst die Bergstation oberhalb von Lungern, wo dieser Bummel beginnt. Das erste Wegzeichen aus aufgeschichteten Steinen, die man etwas verniedlichend Steinmannli nennt, ist grösser als sein Name, ein buddhistisches Wegmal fast, darin steckt eine metallene Windfahne mit einem ausgestanzten Malteserkreuz. Es öffnet sich der Blick auf den Brienzersee, der wie eine Gabe für die Augen in der Tiefe liegt, und auf die Silhouette der Berner Alpen, welche sich frisch verschneit vom Blau des Himmelreichs abheben. Der Tag ist von einer Klarheit, die einem das Atmen, das Denken und das Gehen leichter macht.

L. geht es gut mit dem Gehen, sein Knie hat noch nichts gemerkt. Der Wanderweg folgt nach dem Queren steiler Abhänge so oft wie möglich der Gratlinie, und vom ersten kleinen Gupf, dem die Älpler vergangener Jahrhunderte den Namen Arnihaken gegeben haben, ist das Brienzer Rothorn zu sehen. Die Scharen von Menschen, die sich unter und neben seiner Triangulationskappe versammeln, sind von hier aus erst Menschlein, die aussehen, als würden sie sich zu einem Berggottesdienst versammeln.

Oder machen sie eine Wallfahrt?

Viele sind es, die an diesem Spätsommertag dem Berg huldigen, und viele davon sind keine Berggänger, sondern hart atmende Schwergewichtige, denen der Schweiss unter den Schirmmützen hervortrieft und dunkle Kreise auf ihre T-Shirts zeichnet, auf welchen nicht etwa ihr Name steht, sondern der Name einer Versicherung, eines Lebensmittelkonzerns oder eines Pneuhauses. Mit meinen sechzig Jahren liege ich etwa im Durchschnittsalter des Pilgervolks.

Der Gupf ist zweihundert Meter höher als unser Ausgangspunkt, nun folgt ein Abstieg von etwa hundert Metern, und dann der Aufstieg zum Gipfel, welcher wieder dreihundert Meter höher liegt. Ich verfolge die Angaben meines Höhenmeters auf meinem Taschenmesser in leiser Sorge um den älteren Freund, der zäh und vorsichtig geht und sein Gewicht mit zwei Wanderstöcken stützt, um seinem Knie keinen Anlass zu Klagen zu geben.

Ich gehe die ganze Zeit hinter L. her, damit er das Tempo bestimmen kann. Da vorn, denke ich auf einmal, da vorn gehe ich selbst, in zwanzig Jahren. Ich bin oft hinter ihm hergegangen, schon als Kantonsschüler. Er war damals mein Deutschlehrer, war für seine gewagten dreitägigen Schulreisen gefürchtet und hat uns gelegentlich auch gefragt, ob wir Lust hätten, mit ihm eine Bergtour zu machen. Ein paar wenige hatten jeweils Lust, und ich war immer bei den wenigen. Die Ernsthaftigkeit, mit welcher er in die Berge ging, und die Ernsthaftigkeit der Gespräche, die wir führten, der Fragen, die er stellte, und auch die Ernsthaftigkeit, mit welcher er schweigen konnte, gefielen mir, der ich viel leichtfertiger war, und nach dem Ende der Schulzeit fragte manchmal ich ihn und manchmal er mich, ob der andere Lust hätte, mit in die Berge zu kommen. Langsam wuchs unsere Vertrautheit. Er sei, sagte er mir einmal, für lange Freundschaften gemacht. Vor fünf Jahren wollte er gern nochmals einen Viertausender besteigen, und ich fragte Adolf, meinen Bergführer, ob er ihn mitnähme, warb für ihn, seine Ausdauer, seine Erfahrung, sein Zielbewusstsein, Adolf sagte zu, und dann waren wir zusammen auf dem Alphubel, und L., der Beherrschte und Zurückhaltende, küsste uns beide auf dem Gipfel.

Heute muss er nicht mehr auf den Gipfel. Drei Minuten unterhalb davon trifft sich unser Weg von Schönbühl her mit dem von der Bergstation der Seilbahn Sörenberg und dem alten Bahnhof der Rothorndampfbahn, die man weit unter uns keuchen hört, und L. setzt sich auf eine Bank, während ich mich zum Wallfahrtsort hinaufbegebe, mich unter die Andächtigen mische, die sich halblaut fragen, ob die grosse weisse Fläche dort drüben wohl der Gletscher des Sustenhorns oder des Dammastocks sei, und ich, der ich als Zehnjähriger das letzte Mal hier oben war, schaue auf die mir unbekannte nackte Kalkwand der Schrattenfluh hinüber und denke, dort würd ich auch gern einmal hinauf.

Bald sitze ich wieder bei L., und wir zeigen uns die Berggipfel, mit denen wir persönlich bekannt sind. Dann gehen wir zum Bergrestaurant hinunter, ich frage ihn, ob wir mit der Seilbahn nach Sörenberg fahren wollen oder mit der Bahn nach Brienz, nein, sagt er, er wolle denselben Weg wieder zurück. Ich teile ihm das Resultat meiner Messungen mit, addiere den Rückweg dazu und komme wieder auf die 1200 Höhenmeter, die ihm sein Knie das letzte Mal so übel genommen hat. L. sagt unbeschwert, er gehe nachher zwei Wochen nach Italien zur Kur und mache keine Bergwanderung mehr, und wir marschieren los, durch eine Galerie, die für die Skifahrer im Winter gemacht wurde und die uns wieder zum Weg nach Schönbühl bringt.

An ihrem Ausgang setzen wir uns nochmals kurz, da L. doch ein schmerzhafter Fehltritt unterlaufen ist, sein Knie hat ihn ertappt und lauert nun auf jede Gelegenheit, ihm die Täuschung heimzuzahlen. Langsam, behutsam, achtsam steigen wir ab und zum Arnihaken wieder hinauf, überholen sogar noch ein älteres Ehepaar, die Frau hat sich entmutigt am Wegrand niedergesetzt.

Beim buddhistischen Steinmann atme ich auf, für L. und sein Knie. L. aber bleibt stehen, dreht sich um und sagt, er müsse sich noch von der Landschaft verabschieden.

BRISEN
2404 m

In der Innerschweiz

▲

Mit Roland bin ich verwandt. Wir haben dieselben Urgrosseltern, mein Grossvater väterlicherseits und sein Grossvater mütterlicherseits waren Brüder; das haben wir eher zufällig herausgefunden, als wir uns vor über vierzig Jahren während einer Jugendwoche des Schweizerischen Alpenclubs kennen lernten.

Roland ist ein Berggänger, wie ich auch gern einer geworden wäre. Ab und zu gehen wir zusammen in die Höhe, und da ich mich auf meine Sommerhochtouren vorbereiten wollte, habe ich ihn nach dem Urirotstock gefragt, der ihm aber für den einen Tag, der uns zur Verfügung stand, etwas zu anspruchsvoll schien. Ob ich den Brisen kenne, fragte er mich, und zu seiner Freude verneinte ich. Er schilderte mir den Berg wie einen Freund, den er mir gern vorstellen wollte.

Mit seinem Sohn steigen wir kurz vor sieben Uhr auf dem Seilbahn-Parkplatz in Dallenwil aus dem Auto. Der Himmel ist bedeckt, es sind sogar einzelne schwarze Wolkenstriche zu sehen, die Wetterlage ähnelt derjenigen bei der letzten Wanderung, nach einer Reihe von ungewöhnlich heissen Tagen ist auf den Abend hin ein Umschwung zu erwarten. Als ich die drei Einheimischen in der Kabine frage, was sie vom Wetter halten, sagt einer bloss: «Warm!», und die andern zwei lachen. Mehr ist ihnen nicht zu entlocken. Roland ist der Ansicht, die Wolken werden sich auflösen.

Nach wenigen Minuten läuft die Gondel in den Berghafen von Niederrickenbach ein, und die Fahrt ist beendet. Am Frauenkloster und am Hotel Pilgerhaus vorbei gehen wir durch das sehr kleine Dorf, den Blick auf den felsigen Gipfel des Brisen gerichtet, der aussieht, als hätte ihn ein Riese mit einer gewaltigen Axt gespalten.

Ausserhalb des Dorfes kommen uns zwei Kinder entgegen, noch unverbraucht vom Tag und vom Leben, wohl auf dem Weg zur Schule.

Nach einer halben Stunde biegt ein Fahrweg von der Strasse ab, wir folgen ihm, überqueren einen Bach, und jenseits der Brücke beginnt eine andere Welt. Sie ist erfüllt vom Bimmeln von Kuhglocken, überall stehen Rinder herum und tun, was von ihnen erwartet wird: Gras fressen und Fett ansetzen. Als Roland vor der Alphütte, die eigentlich ein Alphaus ist, eine Frau nach der Sennerin fragt, die er kennt, bellt uns der Hund an, bis die Gesuchte uns allen die Hand reicht und auch der Senn dazutritt. Er ist nicht so altbacken wie das Wort, er trägt elegante, nigelnagelneue Shorts, und die Sennerin unterhält sich nun mit Roland über das Behindertenheim, in dem sie eine Teilzeitarbeit ausübt.

Langsam verzieht sich die Bewölkung, es soll wieder heiss werden heute, deshalb gehen wir bald weiter, und als Roland fragt, ob wir lieber den etwas weiteren Weg über das Brisenhaus nehmen wollen oder eine Art Direttissima durch einen Talkessel, entscheiden wir uns sofort für die direkte Linie. Über abschüssige Grasrippen und Viehtrampelpfade erreichen wir eine höhere Stufe der Alp, die zwischen zwei Felsbuckeln namens Zwölfer und Waldbruder liegt.

Aus einem schwarzen Schlauch, der in einen hölzernen Brunnentrog geleitet wird, fliesst wunderbar kaltes Wasser. Ich habe einen Plastikbecher dabei und biete das Getränk reihum an wie Champagner. Allerdings würde ich, wenn ich zwischen Champagner und Wasser wählen könnte, dieses Wasser vorziehen, etwas Besseres kann ich mir überhaupt nicht vorstellen.

Zwei Wanderer heben sich vom Grat ab wie Scherenschnitte. Das suchen wir auch, dieses scherenschnittige Gefühl, und streben nun dem Joch zu; wir wissen, dass dahinter eine weitere Welt sichtbar wird, und dennoch sind wir erstaunt über ihr Ausmass.

Auf dem Grat komme ich mir immer vor wie ein Tänzer, schade, dass wir bald in die grossen Geröllhalden ausweichen, aber die Scharte, die der Riese gehauen hat, muss umgangen werden, weiter hinten gelangen wir zum nächsten Pass und dann über einen kleinen Aufschwung zur Spitze.

Das metallene Gipfelkreuz liegt am Boden, vier Wanderer benützen es als Rastbank. Ein durch und durch verschwitzter Einzelgänger trifft ein, lässt sich nieder, blickt kurz ringsum, zieht das Handy hervor und ruft seine Frau an, um ihr mitzuteilen, dass er oben ist.

«Der Brunnistock isch wüescht», sagt er dann zu uns, während er einen Energieriegel aus einem Papierchen herausschält. Wir sind etwas verwundert über diese harsche Kritik an einem Berg, und er erzählt dann von seiner gestrigen Besteigung dieses Stocks, der uns einladend und firnglänzend gegenüberliegt.

Roland kennt jeden Gipfel, nach dem ich ihn frage, und er kann mir von jedem sagen, von wo man ihn begehen kann, durch welche Täler man aufsteigt, an welchen Seen man vorbeikommt, in welchen Berggasthäusern oder Alphütten man übernachten kann und wer diese betreibt, und durch all seine Schilderungen scheint eine innige Zugehörigkeit zur Gebirgslandschaft, in der er, obzwar im Mittelland aufgewachsen und wohnhaft, heimisch, ja einheimisch ist.

Nach der Mittagsrast gehen wir über den steilen Haldigrat hinunter und steigen dann gegen den Talkessel ab, durch den wir aufgestiegen sind.

Wenig unterhalb des Grates treffen wir den Sennen, der den oberen Zaun für seine zweihundert Rinder einrichtet, indem er Pfähle in den Boden treibt, an denen Stacheldraht befestigt ist. Letztes Jahr, sagt er, seien hier um diese Zeit noch grosse Schneefelder gelegen. Es sei allgemein trockener geworden, und vor ein paar Jahren habe er nach Wasser gegraben und einen Meter unter der Oberfläche eine Quelle gefunden, die über einen Permafrost-Eisblock laufe, die Wassertemperatur betrage nur ein Grad. Jetzt wissen wir, wem wir den herrlichen Brunnen verdanken, aus dem wir getrunken haben. Wir dürfen, sagt er, ruhig auch in das Hüttchen hinein, das er weiter unten gebaut habe, wenn es uns interessiere.

Es interessiert uns, und nachdem wir uns nochmals ausgiebig am kühlen, permafrostigen Wasser erquickt haben, machen wir einen kleinen Umweg und stossen auf ein Schindelhüttchen, in dem sich ein Mensch kaum ausstrecken kann, in dem es aber einen Tisch, eine Bank, einen Ofen und Pfannen und Holz und einen Vorratsschrank mit Kaffee, Nudeln und Würsten gibt, alles, was man braucht, um beim Viehhüten während eines Unwetters Schutz zu suchen. Am Felsblock gleich neben der Hütte ist eine Tafel für den Vater des Sennen angebracht, der während Jahren auf der Steinalp gehirtet hat, aus ihr ist abzulesen, dass dieser nur 57 geworden ist.

Während Roland und sein Sohn den Felsen erklettern, pflücke ich ein paar Alpenrosen und stelle sie in das Plastikglas unter dem Foto des Verstorbenen.

Als wir wieder beim Alphaus vorbeikommen, treffen wir die Sennerin dabei, wie sie im Bikini in einen aufblasbaren Swimmingpool steigt, um sich abzukühlen. Das Wasser dazu wird zuerst mit einem Sprinkler über das heisse Dach verteilt, läuft dann in die Traufe und von dort in das Kunststoffviereck. Sonst sei es, sagt die Frau, sogar bei diesem Wetter zu kalt. Die einzige Kuh, die für die Ernährung der Familie da ist, muht ununterbrochen auf einem Grashügel unter einer Esche. Dort stehe sie immer, und heute sei sie unzufrieden, aber sie wisse nicht, warum, sagt die Sennerin. Auf meine Frage nach ihrem Schwiegervater antwortet sie, der sei eines Abends, gerade als er sein Haus fertig umgebaut habe, ganz unvorbereitet an einem Herzversagen gestorben.

Wir sollen, schlägt sie uns vor, doch noch die paar Schritte über den Hügel beim Kreuz machen, dort sei ihr Sohn dabei, eine Hütte zu bauen. Wir gehen die paar Schritte und begegnen nun dem Buben, den wir am Morgen auf dem Weg zur Bahn getroffen haben. Aus Latten und Rinden hat er sich zwischen zwei Tannenbäumen eine Hütte gebaut, die grösser ist als die seines Vaters beim Felsblock oben, und er hat sich sogar ein Seilbähnchen eingerichtet, das ihm die Werkzeuge vom Haus herüber bringt. Als ich ihn sehe, vertieft in seine Arbeit mit dem duftenden Holz, denke ich an die Stadtkinder in den Dreizimmerwohnungen, in deren Hof vielleicht eine Rutschbahn in einem Sandhaufen steht.

Abwärts auf den Bach mit der Brücke zugehend überholen wir eine Nonne aus dem Frauenkloster, ich frage sie, ob sie auch die Sennenfamilie besucht habe, ja, sagt sie, und ob wir vielleicht noch gesehen hätten, was sie dort getrunken habe. Einen Schnaps? frage ich. Präzis, sagt sie, das sei eben gut für die Knie, und sie lacht mit gerötetem Gesicht.

MÜRTSCHENSTOCK

2441 m

Umkehren

Im ersten Zug Richtung Chur, dem ohne Minibar, einen am Kiosk gekauften Kaffee und einen Laugengipfel als kleines Frühstück zu sich nehmen, bei der Abfahrt des Zuges die Pendlerzeitung durchblättern und auf einmal merken, dass der Tunnel zum Bahnhof Enge einfach nicht aufhört, mit zunehmender Unruhe an Dürrenmatts Geschichte von der Tunnelfahrt denken, dann beim Tageslicht in Thalwil die ganz frische Steintafel mit der Aufschrift «2003» erblicken und sich an die Tunneleinweihung vor ein paar Tagen erinnern, an die Fotos vom lachenden Bundesrat, der sonst oft so bekümmert dreinschaut unter der Last der Verkehrsprobleme, und vom ebenfalls lachenden Direktor der Schweizerischen Bundesbahnen, der, wie man aus verschiedenen Interviews weiss, zur Grossfamilie der Bergsteiger gehört.

Beim Verlassen des Zürichseeufers den Mürtschenstock ins Auge fassen und mit Überraschung sehen, dass ziemlich viele Wolken um die dreigipflige Felsbastion streichen, wie um andere Spitzen der Glarner Berge auch, dann aber wieder fest an die Wetterprognose glauben, die für heute einen heissen, sonnigen Tag versprach, welchen die Kaltfront von Westen erst am späteren Nachmittag abkühlen werde.

In Ziegelbrücke in den Regionalzug umsteigen und die kürzlich gekauften neuen Bergschuhe endgültig schnüren, die es heute einzulaufen gilt.

Beim Bahnhof in Mühlehorn sofort den wartenden Freund sehen, der ihn zu dieser Tour eingeladen hat, ihn begrüssen, in sein Auto steigen und sich von ihm zu den Hüttenbergen hinauffahren lassen. Dort den leichten Rucksack schultern und mit dem Anstieg beginnen.

Schon nach kurzer Zeit spüren, dass der linke Schuh auf die Ferse drückt. Den Schuh ausziehen, ein Druckpflaster aus dem Rucksack nehmen und es auf die Ferse kleben.

Die in Stein gemeisselte Inschrift auf der Meerenalp, an einem Felsen mitten unter weidenden Kühen lesen, auf die der Freund aufmerksam macht:

«Alprhodung durch Refraktaere 1943».

Sich vornehmen, die genaue Bedeutung dieses Wortes zu Hause nachzuschauen (Dienstverweigerer? Internierte ausländische Soldaten? Ausländische flüchtige Dienstverweigerer?) und realisieren, dass 1943 das Geburtsjahr der beiden Bergwanderer war.

Vom Pass, der nun erreicht wird, in einen wilden, weglosen Talkessel abbiegen, um den herum sich Felswand um Felswand türmt, sich vom Freund zeigen lassen, welche der vielen Erhebungen ihr Gipfel ist, ab und zu den Blick zum Himmel richten und sich fragen, was es mit der immer dichter werdenden Bewölkung auf sich hat, da ja der Wetterumschlag erst für den späteren Nachmittag angesagt ist.

Das erste grosse Schneefeld betreten und mit leichtem Neid registrieren, dass der gleichaltrige Freund leichter steigt, weniger schwitzt und weniger trinkt. Bei einer kleinen Rast den Oberkörper mit einem Frottiertuch abtrocknen und das durchnässte Tricot durch ein Unterhemd ersetzen, darüber die Jacke anziehen, da nun ein unwirtlicher Wind vom Grat her zu blasen beginnt.

Sowohl im Schnee als auch im steilen Schutt ab und zu mit einem Fuss ausrutschen und danach kurz stehen bleiben, um Atem zu holen, da jedes Rutschen und Wieder-Tritt-Fassen Kraft kostet. Vom Freund hören, dass der glitzernde Punkt zuoberst auf dem Grataufschwung der Behälter des Gipfelbuchs ist. Bei einem späteren Blick nach oben feststellen, dass Gipfelbuch samt Gipfel im Gewölk verschwunden sind, welches nun in schnellen Schwaden über die Krete schwappt. Versuchen, den Schritt zu beschleunigen und sogleich merken, dass dies nicht geht.

Die rasch sich vermehrenden grossen Tupfen auf den Steinen als Regentropfen identifizieren, zum wartenden Freund aufschliessen, gemeinsam in die Runde schauen, sich vergewissern, dass schwarze Wolken nun auch von unten her durch den Talkessel aufsteigen und sich an Felsköpfe und Steilwände schmiegen, und schliesslich einsehen, dass der für den späten Nachmittag angekündigte Wetterumsturz von den Kräften der Meteorologie auf den Vormittag vorverschoben wurde. Dann, angesichts der bald zu erwartenden Gewitter, für welche Grate kein empfehlenswerter Aufenthalt sind, den Entschluss fassen, der dem Berggänger umso schwerer fällt, je näher er beim Gipfel ist: umkehren.

Durch prasselnden Regen vorsichtig über glitschige Steine das oberste Schneefeld erreichen, von dem nun durch den Niederschlag ein dampfender Bodennebel aufsteigt, als werde im Felskessel gekocht. Dann in grossen, schleifenden und fahrenden Schritten die Tiefe suchen. Dabei feststellen, dass die neuen Bergschuhe mit Grösse 48 an Kurzskis grenzen und dass das Druckpflaster an der Ferse hält.

Bei der Mittagsrast auf der ersten Bergwiese oberhalb des Passes die tropfnasse Windjacke ausziehen und ausbreiten, kurz darauf leicht verblüfft erleben, wie nicht nur die Jacke von der Sonne beschienen wird, sondern wie sich auch die Wolken vom Gipfelgrat verziehen und das Himmelsblau wieder freigeben. Auch bei der Musterung der weiteren Umgebung keine Hinweise auf sich aufbauende Gewitter entdecken, weiter unten im Tal dann angesichts der ruhig heuenden Bauern und der völlig trockenen Strasse die wachsende Gewissheit, dass der eigentliche Wetterumsturz noch keineswegs stattgefunden hat, sondern dass es der Wolkenbruch einzig und allein auf den Mürtschenstock und die beiden Bergwanderer abgesehen hatte, die nach einer kleinen Verpflegung in einem sonnigen Garten in Obstalden am Bahnhof Mühlehorn mit dem Versprechen Abschied nehmen, sich nächstes Jahr um dieselbe Zeit wieder zu treffen, um sich dann im silbrig glänzenden Gipfelbuch einzutragen.

ORTSTOCK

2717 m

Selbdritt

«Wir sollten einmal zusammen auf einen Berg», sagte eine Freundin zu meiner Frau und mir schon vor mehreren Jahren und stiess damit sofort auf unsere Zustimmung, ohne dass aber irgendetwas geschah. Solche Sätze haben die Tendenz, zu Versteinerungen der Möglichkeitsform zu werden.

Dieses Jahr jedoch verglichen wir schon frühzeitig unsere Kalender und fanden zwei gemeinsame freie Tage, die wir für den gemeinsamen Berg ankreuzten. Und so trafen wir uns in Schwyz, bei subtropischen Temperaturen, fuhren mit dem Bus ins Muotathal und mit dem kleinen Bus weiter ins Bisistal, nahmen dort in einer Kabine der Seilbahn Platz, in der schon ein bärtiger Älpler sass, und stiegen zuletzt auf der Glattalp aus, wo wir die kühlere Luft wie ein Bad genossen. Das Wetter nimmt diesen Sommer Formen an, als würde sich die Sonne langsam der Erde nähern.

Am nächsten Morgen verliessen die frühen Frühstücker die Glattalphütte um halb sieben Uhr, zwei Zweiergruppen, Fritz und Fredy, mit denen wir am Tisch waren, zwei Namenlose vom Nachbartisch und wir drei, noch etwas fröstelnd, da wir in vorauseilendem Wettergehorsam schon Shorts und

T-Shirts angezogen hatten. Der Himmel war nach einem nächtlichen Gewitter frisch gereinigt, unser erstes Ziel, der Ortstock, ein mächtiger Felsbuckel, war am Ende des Tales zu sehen, und über die Furggele, welche es zuerst zu erreichen galt, drangen bereits die ersten Sonnenstrahlen und trafen die Spitzen der umliegenden Bergkämme. Die Glattalp wird auf der einen Seite von schroffen Kalkwänden abgeschlossen, von denen das Läuten der zahlreichen Kuhglocken widerhallt. 450 Stück Vieh und 60 Pferde verbringen hier die Sommermonate, hatte uns der Bärtige gestern gesagt. Als wir an der Alphütte vorbeikamen, wurden die Schweine gefüttert, die dem Sennen mit seinem Kübel freudig quiekend entgegeneilten.

Dem langgestreckten Bergsee in der Mitte des Alptales entlang zu wandern kam dem Stillen einer Sommersehnsucht gleich. Da wir uns auf den Schattenwurf von Pass und Berg zubewegten, befanden wir uns eine ganze Weile in einem permanenten Sonnenaufgang, bis wir die letzten Grasflecken hinter uns hatten und am Fuss einer steilen Geröllhalde standen. Fritz und Fredy tauchten schon als Silhouetten am Horizont oben auf, während sich die zwei Namenlosen tief gebeugt etwas weiter vorn den Abhang hocharbeiteten.

Auf der Passhöhe angekommen, waren wir nun vollends in der Sonne, die schon um neun Uhr morgens ungewöhnlich heiss brannte. Wir hätten gleich auf die andere Seite absteigen können, aber nicht nur ich, sondern auch die beiden Frauen wollten gerne auf den Gipfel. Unsere um zehn Jahre jüngere Freundin war nicht mehr zu bremsen und stieg mit leichtem Schritt den Grat hinan, bis wir sie aus den Augen verloren. Kurz vor einer Stelle, an der einem zwei fixe Seile die Überwindung einer steilen Felskante erleichtern, trafen wir auf

Fritz, der seinen Gefährten hatte ziehen lassen, weil er die Grenze zwischen Wandern und Klettern nicht überschreiten mochte. Mein Hilfsangebot lehnte er freundlich ab, er warte lieber hier. Seltsam, dass die Gipfelstürmer immer den andern helfen möchten, den Gipfel auch zu stürmen. Oben wartet ein ganzes Grüppchen, man gratuliert sich etwas übertrieben, man tauscht die Namen aus, die beiden Namenlosen verwandeln sich in Kurt und Kurt. Der Blick hinüber auf den grossen Nachbarn Tödi ist eindrücklich, aber auch der Falllinienblick auf den Urnerboden hinunter, diesen sanften alpinen Wiesengrund.

Der Abstieg zum Bärentritt wurde auf sämtlichen Wegweisern beharrlich vom Adjektiv «anspruchsvoll» begleitet. Warum, merkten wir, als wir vom Pass in den Abhang hinein querten, der noch steiler war als derjenige zur Glattalp, und etwas glitschiger auch. Bis vor kurzem war er unter Schnee gelegen, und man konnte nie sicher sein, ob die Steine unter den Schuhen wirklich Halt gaben. Als wir die oberste Zunge des grossen Schneefeldes erreichten, das den Talkessel bedeckte, war uns, als beträten wir Festland. Mit langen Gleitschritten waren wir bald auf einer Art Feentanzplatz mit einem mächtigen Felsblock, der von weitem aussah wie ein windschiefes Haus. Überhaupt sind die Felsformen Tore zur Phantasie. Abwechselnd machten die beiden Frauen aufmerksam auf Ruinen von Inkasiedlungen, Aztekenpalästen und auf Häuptlingsgräber.

Es war Mittag geworden, der Himmel liess sich noch wenig von der Kaltfront anmerken, und so beschlossen wir, statt über den Bärentritt abzusteigen, in der Höhe zu bleiben, denn in erreichbarer Ferne war die Bergstation einer Sesselbahn zu sehen, ein beruhigender Anblick.

Was für ein eigenartiger Weg! Auf der einen Seite öffnet sich eine Mondlandschaft aus Karrenfelsen, auf der andern Seite stürzen Felswände in die Tiefe, und wo zwischen den Felsen und aus den Spalten Gras wächst, ist alles voller farbiger Alpenblumen. Bergastern wiegen sich im Wind, Männertreu duften, Sonnenröschen leuchten, auch Edelweiss wächst hier, die Königin der Alpenblumen, und es ist nicht möglich, davon nicht berührt zu sein. Meine Frau fand den kleinsten Baum der Welt, eine Weidenart, die nur zwei Blätter hat, aber anstelle eines Stängels ein winziges Holzstämmchen, weshalb ihn die Biologenzunft den Bäumen zuschlug.

Wegen des dauernden Auf und Ab im felszerfurchten Gelände war der Weg dann länger als erwartet. Nach und nach überzog sich der Himmel mit Schleierwolken, und auf einmal fielen Windböen über uns her. Trotzdem pflückte ich am Rande eines Geröllfeldes noch ein paar Büschel Guten Heinrich, einen Wildspinat, der eine kleine Vorspeise zum Nachtessen abgeben würde.

Da sich das Gewölk zunehmend grau verfärbte, verschmähten wir die Terrasse des Bergrestaurants, fuhren sofort mit dem Sessellift nach Braunwald hinunter und setzten uns erst gegenüber dem Bahnhof der Drahtseilbahn zu Eiscafé, Bier, Panaché und Wurst- und Käsesalat auf die Terrasse des «Alpenblick».

Auf der Fahrt im Zug nach Ziegelbrücke massierte ich unserer Freundin die müden Füsse, und wir sprachen darüber, worüber wir nun alles nicht gesprochen hatten und wie gut man auf einer Wanderung auch schweigen kann.

HAUSBERG
2794 m

Der Hausberg

Dort, wo das Seitental vom baumlosen Hochtal abbiegt, steht das Haus. Der die beiden Täler trennt, ist der Berg. Jedes Jahr, wenn ich im Haus bin, ersteige ich ihn. Er erhebt sich hinter einer breiten grünen Grasflanke als gleichschenkliges Dreieck. Sein Gipfel ist 800 Meter höher als das Haus, und er trägt keinen Namen, denn er ist bloss der Anfang der Kette, welche das Seitental nach Westen abgrenzt. Aber er ist ein Berg, ein Berg für sich. Hinter dem Gipfel fällt der Grat so stotzig in eine Scharte ab, dass ich noch nie gewagt habe, hinunter zu klettern.

Kurz, nachdem der erste Sonnenstrahl das Haus trifft, überquere ich den Fluss auf der kleinen Viehbrücke und beginne die Grasrippen hochzusteigen. Mutter Erde hat eines ihrer wunderbarsten Parfums aufgetragen, die alpine Mischung aus Männertreu und Thymian, ich atme diesen Duft ein wie ein Geschenk für die Lungen.

Umso empfindlicher nach kurzer Zeit die Störung durch einen Verwesungsgeruch. Vor einem Erdloch liegen Innereien und Haarbüschel eines Murmeltiers. Da muss der Fuchs zur Stelle gewesen sein; ein Adler hätte wohl das ganze Tier mitgenommen. Nun sind die Fliegen an der Arbeit, und ich bewundere wieder einmal die Weisheit der gut duftenden Göttin, die auch das, was uns ekelt, zur Nahrungsquelle ausersehen hat.

Ich steige und steige, suche mir meinen Weg über Graswülste und Rinderpfade, denke an meinen Traum von dieser Nacht, in dem ich über eine steile Mauer über Sprossen absteigen musste, die zum Teil lose waren und mir in den Händen hängen blieben, und schon bald muss ich an gar nichts mehr denken. Ein Falke zieht hoch über mir im Suchflug am Hang entlang.

Es wird sehr rasch heiss. Nach einer knappen Stunde nähere ich mich der Kuhherde, die vom Haus aus oft zu sehen ist. Wenn die Kühe auf der grossen Kuppe vor dem Berg stehen, sehen sie aus wie Scherenschnitte. Einige drehen ihre Köpfe nach mir, muhen in verschiedenen Tonlagen, trotten dann aber bimmelnd ihrer Leitkuh nach, welche offenbar entschieden hat, weiter drüben zu grasen. Wenig später komme ich an der Stelle vorbei, wo sie die Nacht verbrachten, das Gras ist an manchen Stellen flach gedrückt und erinnert mich an ungemachte Betten. Im Winter wird hier Ski gefahren, ich steige zwischen zwei Holzabschrankungen hoch, welche die Abfahrer auf die richtige Piste leiten sollen. Weiter oben ist das Umlenkrad des Skilifts zu sehen, der auf der andern Seite des Hangs angelegt wurde.

Ich freue mich auf den Moment, in dem ich auf dieses Rad hinunterblicken kann, und ich weiss, dass dieser Moment, wenn ich geduldig Fuss vor Fuss setze, eintreffen wird. Ich neige zur Ungeduld, deshalb tut es mir gut, irgendwo hochzusteigen, irgendwo, wohin man nur mit Geduld kommt.

Die Farben der Blumen werden greller, ihre Stängel kürzer, die ersten Edelweiss zeigen ihre pelzigen Blüten. Langsam wird das Gras karger, es wird von Schieferrunsen durchzogen, und ich betrete die Geröllhänge. Drei Bergdohlen flattern vorbei und teilen sich irgendetwas mit, vielleicht sprechen sie über mich. Oft finde ich im Schiefer keinen Tritt und rutsche wieder etwas hinunter. Ich suche den Aufstieg über den Grat, wo der Boden fester ist und wo ein erfrischender Wind weht.

Auf dem Gipfel setze ich mich, trinke einige Schlucke aus der Flasche, schaue zuerst zum Skiliftrad und den Kühen hinab, dann hinüber ins Engadin und ins Bergell, zu Piz Bernina und Pizzo Badile, blicke durch den Feldstecher in die Runde, aber auf keinem der umliegenden Gipfel ist jemand zu erkennen. Tief unten sehe ich meine Frau aus dem Postauto steigen und vom Einkauf im Dorfladen ins Haus zurückkehren. Der Höhenmeter meines Taschenmessers zeigt zu meiner Überraschung minus 981 Meter an. Ein digitaler Defekt also, doch er erinnert mich daran, dass der Hausberg vor Millionen Jahren auf dem Meeresgrund lag, und dass er statt von Falken und Dohlen von Fischschwärmen und Meerestieren umgeben war, und dass er vielleicht irgendeinmal, wenn Mutter Erde ihr Bergparfum verleidet ist, wieder dorthin zurücksinken wird.

GLÄRNISCH
2915 m

Ein grosses weisses Auge

Es ist unter Alpinisten üblich, dass man einen Berg nur einmal besteigt und dann gewissermassen abhakt; war man oben, braucht man ihn kein zweites Mal zu besteigen. Lieber «macht» man später einen Gipfel, den man von dort aus gesehen hat, den Tödi, den Selbsanft oder den Bifertenstock. Gründe, ein zweites Mal auf einen Gipfel zu gehen, sind: man wählt eine andere Route, den Ostgrat oder die Traversierung über die Südrippe, oder man möchte den Berggipfel jemandem zeigen, man geht also als Führer, oder, eher seltener, der Gipfel ist aus irgendeinem Grund zum Hausberg geworden, den man immer wieder besucht.

Keiner dieser drei Gründe trifft auf mich und den Glärnisch zu. Ich habe ihn vor knapp dreissig Jahren bestiegen und war seither nie mehr oben.

Als Zwanzigjähriger, kurz nach der Matura, war ich mit L., meinem Deutschlehrer der Kantonsschule, auf dem Dom, hatte ihn danach einmal auf einer Schulreise auf den Piz Lischana begleitet und wollte dann ein paar Jahre später mit ihm den Bergfaden weiterspinnen. Da ich damals in Uetikon am See wohnte und ständig den Glärnisch als König des Horizonts vor Augen hatte, rief ich L. an und fragte, ob er mit mir und einem Freund, der auch zu ihm in die Schule gegangen war, auf den Glärnisch komme. Ich erinnere mich noch gut an seine Reaktion am Telefon. Er stockte einen Moment und sagte dann mit einem kleinen Lachen: «Hm, der Glärnisch ...», und es klang etwa so, als hätte man einen guten Jasser gefragt, ob er eine Partie Schnipp-Schnapp spiele. Ich muss hinzufügen, dass L. ein leidenschaftlicher und anspruchsvoller Berggänger war, der das Matterhorn über den Zmuttgrat, das Weisshorn über den Nordgrat und den Piz Bernina über den Biancograt erstiegen hatte.

Da ich aber einige Jahre keine Hochtouren mehr gemacht hatte, wäre mir der Glärnisch für meine alpinistische Wiedereingliederung zupassgekommen, ich beharrte auf meinem Vorschlag, und L. sagte zu, denn gute Gesellschaft war ihm ebenso wichtig wie herausfordernde Berge. So brachen wir denn an einem sonnigen Sommernachmittag von Uetikon auf und fuhren mit meinem Auto zu dritt so weit ins Klöntal hinein, bis man den Wagen stehen lassen muss, gingen von dort zur Hütte hinauf und erklommen am nächsten Morgen bei schönstem Wetter den Glärnischgipfel. Erklommen ist eigentlich zu viel gesagt, ich habe es eher als ein Erwandern in Erinnerung. Aber das Vrenelisgärtli gleisste ungeheuer, und es schien mir ein sehr steiles Gärtli, es empfahl sich jedenfalls, sich mit dem Vreneli gut zu stellen, und wir gingen am Seil. Trotzdem habe ich die Route nicht als schwierig in Erinnerung, und von einer Partie aus Lörrach, die mit uns auf dem Gipfel eintraf, sagte einer, heikler als der Aufstieg sei wohl die Rückfahrt im Auto.

Ich hatte erst kurz vor der Tour festgestellt, dass ich gar keine richtigen Bergschuhe mehr hatte, und ging deshalb in meinen Skischuhen, die damals etwas geschmeidiger waren und noch nicht diesen Betonstiefelcharakter hatten. Auf dem Abstieg merkte ich aber doch, dass sie nicht für Wanderungen gedacht waren, denn es begannen sich an meinen Fersen Blasen zu bilden, die immer stärker brannten; ich wollte mir jedoch keine Blösse geben und behielt die Schuhe an, bis wir beim Auto eintrafen. Erst als ich sie dort auszog, sah ich, dass die geröteten Stellen fünflibergross waren, und sie taten derart weh, dass ich danach mehrere Tage nicht schwimmen gehen konnte.

Das ist eigentlich schon alles.

Eine ganz gewöhnliche Bergtour.

Darf man über so etwas überhaupt schreiben?

Mit dem Berg ist doch das Drama verbunden, Rettungen in letzter Minute, die hauchdünne Trennlinie zwischen Glück und Unglück, Hans Morgenthaler hat sich am Tödi ein paar Finger erfroren, Reinhold Messner musste am Nanga Parbat seinen Bruder zurücklassen, und Mallorys Leiche liegt heute noch an der Nordflanke des Mount Everest.

Doch, darüber darf man schreiben.

Denn wenn ich zu Berg gehe, wünsche ich mir nichts inniger, als dass das Drama ausbleibt, ich wünsche, dass mir der Berg freundlich gesinnt ist, dass der Gletscher nicht gefrässig ist, dass der Himmel für mich und meine Gefährten sein bestes Blau bereithält, dass der Permafrost die Felsblöcke über unsern Köpfen nicht loslässt und wir einen schönen Tag in der Höhe erleben. Die Geschichten, bei denen zuletzt jemand benachrichtigt werden muss, lese ich bei Jon Krakauer oder Heinrich Harrer, aber ich selbst möchte auf keinen Fall solche

Geschichten erzählen müssen. Zwei grosse Blasen an den Fersen genügen mir als Zeichen für das Unalltägliche.

Vor einer Woche reiste ich nach Rumänien, und als das Flugzeug kurz nach dem Start vor der Alpenkette nach Osten abbog, erkannte ich im ganzen steinernen Durcheinander unter mir nur einen einzigen Berg. Es war der Glärnisch – das Vrenelisgärtli schaute mich wie ein grosses weisses Auge an, und es schaute mich an, als lade es mich ein, nochmals zu kommen. Ich nehme es mir vor.

Aber vorher möchte ich noch auf den Tödi, am liebsten über den Westgrat.

URI ROTSTOCK

2928 m

Herbstbeginn

Der grosse Wagen steht kopf, er balanciert auf seiner Deichsel, und im Süden flimmert der Orion, morgens um halb sechs auf der Musenalp im Kanton Uri. Die Alp ist das Ende eines Tals, hinter ihr erhebt sich eine gewaltige Felsenarena, die von Bändern und Stufen quer durchzogen wird und die ebenso wenig für den Menschen gemacht ist wie der Sternenhimmel. Doch zwischen den Sternen hindurch fliegen nachts rotblinkende Menschenluftschiffe, und zwischen den Felsköpfen, Runsen und Platten zieht sich ein schmaler Menschenpfad die Wand hinauf, mit Ketten und Seilen gegen Schwindel und Unsicherheit versehen, und auf diesem Pfad steige ich in der Morgendämmerung mit einem Freund in die Höhe. Zwei Stunden dauert es, bis wir aus dem düsteren Wandschatten in die Sonne treten, ihre Strahlen kommen mir vor wie ein Begrüssungskuss. Das Schwarz der Nacht wurde irgendwo ausgegossen, und über mir häuft sich ein Übermass an Blau.

Wir haben eine Steinwüste erreicht, in die wir nun vordringen, weissblaue Markierungen, an Felsblöcke gestrichen, sowie ab und zu ein Steinmann zeigen an, dass dies ein Weg ist. Der Weg hat ein Ziel, das wir erst nach einer weiteren Stunde zum ersten Mal erblicken, einen rostroten Berggipfel über einem breiten Firnfeld. Die Felswand, die Steinwüste, der Berggipfel, alles ist gross und fast zu weit zum Gehen. Immer abschüssiger wird das Firnfeld, geht in einen Steilhang über, wechselt ab mit Schotter, der so lose ist, dass man gleich wieder zurückrutscht. Kurz vor einem kleinen Passübergang bleiben wir sitzen, ich muss etwas trinken, muss die Lungen immer wieder bis zum Äussersten mit Luft füllen, als gäbe mir diese mit ihren Sauerstoffbläschen Kraft ab, Kraft, die ich unbedingt benötige, denn die Sonne küsst schon lang nicht mehr, sie sticht.

Endlich stehe ich auf, merke erst jetzt, wie nahe wir der Passlücke sind, und als wir nach ein paar Schritten ankommen, wird uns die andere Seite gezeigt, oder mehr als eine Seite, ein Buch, Band 2 der gesammelten Berge der Innerschweiz, jemand hat ein Vorwort dazu geschrieben, wer nur, wir steigen die endlose Wegspur hinauf, tief atmend halte ich von Zeit zu Zeit inne, die Augen auf die Fersen meines Begleiters oder auf meine Schuhspitzen gerichtet, entschlossen, mit dem Schauen erst auf dem höchsten Punkt zu beginnen, und erst oben beim Gipfelkreuz des Urirotstocks, beim Weitwinkelblick über die unzähligen grünen, grauen, schwarzen und weissglänzenden Berge und zum Vierwaldstättersee, ins Mittelland hinunter, bis zu den zwei verspielten Rauchsäulen von Gösgen und Leibstadt, fällt mir ein, wer das Vorwort geschrieben hat. So klar, so schnörkellos, so gestochen und dunstarm, so leuchtend und heiter, so gelassen und melancholisch kann nur einer schreiben: der Herbst.

MITTLER WISSBERG

3002 m

Traumpfad

Es gibt Spaziergänge, von denen träumt man jahrelang.

Einer davon führt über die Felsrücken der Weissberge im Hochtal Avers.

Hat man den ersten Rücken betreten, dessen Anfang oder Ende durch einen weithin sichtbaren Steinmann markiert wird, steigt man auf ihm langsam höher wie über eine gewaltige Treppe. Zur Linken sieht man ins Tal hinunter, zur kleinen weissen Kirche von Cresta, zum Dorf, das sich um den Lebensmittelladen schart, zu den Wiesen, auf denen die Landmaschinen hin und her kriechen und das Gras in Ballen zurücklassen, aber auch zu den Bergen gegenüber, von denen wie ein Gruss ein leichter Wind herüberweht, welcher das Hemd des Spaziergängers angenehm bläht.

Der geht nun Schritt für Schritt in die Höhe, nimmt ab und zu einen Stein in die Hand, der dünn, scharf und fast rechteckig geschnitten ist und denkt sich einen Namen für ihn aus, Marmorschiefer zum Beispiel, oder Blendspat. Mehrmals muss er Felsspalten überschreiten oder umgehen, die münden alle in der schroffen weissen Wand, Hunderte von Metern fällt sie zur obersten Alp ab. Den Gipfel des ersten Weissbergs erreicht er fast zu früh, dennoch ist es der Ort für einen Imbiss aus seinem Rucksack, der Brotgeruch ist köstlich, vom Tee in der Thermosflasche steigt Dampf auf.

Von hier aus erblickt er sein nächstes Ziel, den zweiten Gipfel, das Steinsignal ist gut zu sehen. Wie leicht geht er über den Grat, und wie gut geht es sich auf dem feinen grünen Schotter, in dem seine Schuhe etwas einsinken, als trete er auf Moos. Felsenmoos, sagt er sich, das ist Felsenmoos, und er sieht mit Wohlgefallen, dass hier immer noch Blumen wachsen, die kleine violette Polster formen oder mit blauen Tupfen den Himmel abbilden. Mit ihm geht ein zweiter Spaziergänger, der ihn jetzt auf einen Steinbock aufmerksam macht. Bedächtig quert dieser das Geröll des Gipfelaufschwungs. Alsbald folgt ihm eine Steingeiss, auch sie ohne Eile. Nach einer Weile verschwinden sie lautlos hinter der Horizontlinie.

Überraschend nahe ist er, der zweite Gipfel, man täuscht sich gern in der Steinöde, wenn Bäume und Häuser als Orientierungshilfen wegfallen. Zur Rechten des Mittleren Weissbergs, auf dem die Spaziergänger bald darauf stehen, wird der Piz Platta, sein düsterer Nachbar, immer schwärzer, und vor ihnen erhebt sich aus dem nächsten Tal eine unglaublich dünne Pyramide, eine geologische Frechheit fast.

Das Verlassen des Gipfels erfordert Vorsicht, man muss gute Stufen im bröckelnden Schutt suchen, aber dann gibt es als Belohnung einen Grat, der einen zum Seiltänzer macht und mit dem Gefühl erfüllt, endgültig der Tiefe und ihrer Anziehungskraft entronnen zu sein.

Der Abstieg auf die Furgge ist kurz, von hier wird man durch ein Felsental von afghanischer Kargheit ins Tal hinunterwandern, zu den gemähten Wiesen, zur Kirche und zum Lebensmittelladen.

Zwei Stunden hat der Spaziergang gedauert. Allerdings musste man vorher, und das brauchte etwas mehr Zeit, zum Fuss der Felswände hochsteigen, und um diese zu überlisten, umging man sie und kletterte dann auf der Rückseite einen Kamin hoch.

Dieser Kamin sowie das Unwissen über seine Beschaffenheit war der Grund für das jahrelange Warten des Felsspaziergängers, denn er wollte ihn lieber nicht allein erklimmen, und manchmal dauert es ein bisschen länger, bis man für ein solches Unternehmen einen zweiten Spaziergänger gefunden hat, sogar wenn es der eigene Sohn ist.

TSCHEISCHHORN
3019 m

Der Unauffällige

Es gibt eine Magie der Zahlen, die mit der Wirklichkeit nichts zu tun hat. Der Mensch ist es, der das Zählen erfand, die Natur rechnet nicht.

So stellt ein Dreitausender mehr dar als ein Zweitausender. Den Begriff Tausender gibt es im alpinen Vokabular schon gar nicht, aber von dreitausend an aufwärts erhöhen sich Würde, Aura, Glanz, Autorität und Respektabilität eines Berges und dadurch auch der Respekt vor dem, der ihn besteigt. Entsprechend verlangt man von einem Dreitausender, dass er all das in einer Weise ausstrahlt, die ihn von den ihn umgebenden Kümmerlingen, welche diese Marke nicht geschafft haben, deutlich abhebt. Wir wollen ihn sofort erkennen, damit wir zweifelsfrei ausrufen können, schau mal, ein Dreitausender!

Nichts von dem trifft auf das Tscheischhorn zu. Wer über den Murmeltierlehrpfad durch das Bergalgatal wandert und nach Westen in die Höhe blickt, sieht eine Horizontlinie, die sich zuerst wie die Zacken eines Dinosaurierschwanzes gebärdet, dann aber in eine unspektakuläre gewellte Reihe von Felsbuckeln übergeht, von denen kaum einer als Gipfel auszumachen ist. Und doch ist einer dieser Buckel, nur einer, ein Dreitausender, und den will ich heute besteigen.

Um halb sechs Uhr morgens überquere ich den Bergbach, welchem der Name Bergalger Rhein zugestanden wurde, auf einer Viehbrücke und gehe dann diesem Rhein entlang flussaufwärts, bis als erster Bote des Tscheischhorns der tosende Tscheischabach in ihn einmündet, der mir jedoch eine Stelle anbietet, an der ich über ein paar Steinbrocken an sein anderes Ufer komme.

Ab dann geht es nur noch bergauf, über Wiesen voller Arnikas und Männertreu, zwischen Wacholder-, Heidelbeer- und Alpenrosenstauden, über Grasfurchen und Kuhpfade, und als mich bereits um Viertel vor sieben der erste Sonnenstrahl vom wolkenlosen Himmel trifft, trifft mich auch die Sorge, ob mir der halbe Liter Münzentee, den ich dabei habe, genügen wird, und ich beschliesse, bei jeder Rast bloss drei Schlucke zu trinken.

Beinahe trete ich auf den ausgebleichten Skelettschädel eines Murmeltiers. Zierlich sieht er aus, mit einem Schneidezahn im Oberkiefer und zweien im Unterkiefer, ein Schmuckstück geradezu, ich nehme ihn in die Hand, lege ihn dann aber wieder ins Gras.

Immer den kürzesten Aufstieg suchend, gelange ich über spärlicher werdendes Grün in rutschige Schieferhalden, stapfe Schneefelder hoch und erreiche schliesslich den Grat, der zum Fuss des Tscheischhorns hinüberführt, das erst von hier aus die Ansprüche an einen Dreitausender erfüllt, mit einer schwarzen Wand von abschreckender Steilheit, die mich für einen Moment an ihrer Begehbarkeit zweifeln lässt.

Ich liebe Gratgänge. Über einen Firnkamm zu schreiten, mit Blick in zwei verschiedene Täler hinunter und in die neu aufgegangene Weite, ist ein seltsam schwereloses Gefühl. Mit jedem Schritt, der mich dem Gipfelaufschwung näher bringt, wird dieser etwas weniger abweisend, ich suche meinen Weg über Felsstufen und Geröllschutt und stehe vier Stunden nach meinem Aufbruch vor einem mächtigen Steinmann, einem Menhir fast, der den höchsten Punkt markiert. Ich küsse ihn, schaue dann langsam um mich, in eine menschenferne, fast prähistorische Welt, die nur aus Bergspitzen zu bestehen scheint, tippe ein SMS an meine Frau ein, «Bi dobe!», ziehe aus einer Rohrschachtel ein eingerolltes Gipfelbüchlein heraus und trage mich ein. Ich entnehme ihm, dass dieses Jahr erst einer hier oben war, vor fünf Tagen, ein Deutscher aus Siegen, auch er ein Einzelgänger.

Eine Schwalbe schiesst mit einem hohen Pfiff über mich weg. Dann gönne ich mir sechs Schlucke aus der Flasche.

GALENSTOCK
3586 m

Gratgelächter

Als hätte man Krallen an den Füssen, tragen einen die Steigeisen das Gletschereis hoch. Wie Bergleute haben wir Stirnlampen um die Köpfe geschnallt, aber unser Stollen ist der Nachthimmel, mit seiner unbegreiflichen Vielzahl von Sternen, denen wir sogar Namen zugeordnet haben, Orion nennen wir den mit der hellsten Stirnlampe, wir kennen ihn, aber er kennt uns nicht.

Als im Weltall die Lichter gelöscht werden, knipsen auch wir unsere Lampen aus und versorgen sie zusammen mit den Steigeisen in den Rucksäcken. Wir stehen am Fuss eines Grats und ziehen die Helme an, etwas zu spät, denn kurz zuvor haben sich von den zwei Berggängern weiter oben ein paar Steinbrocken gelöst und sind knapp neben uns in die Tiefe gekollert.

Was für andere ein Grat, ein Sporn oder ein Turm ist, ist für den Alpinisten eine Route, er hält also die Felsen für begehbar. Mein Bergführer teilt diese Meinung und steigt mit der Selbstverständlichkeit eines Turners, der sich an sein Reck begibt, in die erste Felswand ein. Beim Versuch, es ihm gleichzutun, muss ich jedoch schon bald mein Knie benutzen, um mich hochzuarbeiten. Sicherheit, sage ich mir, geht vor Eleganz. Der dritte Mann am Seil schafft die Stelle mit Eleganz *und* Sicherheit.

Hinter uns klettert ein Mann mit zwei Frauen. Wenn wir eine heiklere Stelle zu meistern haben, müssen sie etwas warten. Sie sind zu Scherzen aufgelegt, und manchmal, wenn ich sie nicht mehr sehe und mich auf einem schmalen Sims an den Urner Granit drücke, höre ich von unten das helle Gelächter der beiden Frauen. Unsere Route wird mit dem Wort «Genusskletterei» beschrieben, das bedeutet, dass die besten Tritte und Griffe meistens an der Kante über den Abgründen sind, den Abgründen, aus denen nun Gletscher und Schneeflecken in der Morgensonne heraufleuchten. Je länger wir aufsteigen, desto unwahrscheinlicher scheint es mir, dass ich vor kurzem noch dort unten stand, ich habe das Gefühl, ich verliere an Gewicht, und das Gratgelächter erreicht mich wie eine Nachricht aus dem Reich der Leichtigkeit. Die Firnfelder des Gipfelkammes waren schon länger zu sehen, und auf einmal haben wir sie erreicht, können die Helme aus und die Steigeisen anziehen und den Weg zum höchsten Punkt antreten.

Auf dem Gipfel erwartet uns kein Kreuz, sondern, auf eine Schnur gespannt, eine Reihe fröhlichfarbiger tibetischer Gebetsfahnen; vielleicht sind wir im Himalaja angekommen und wissen es noch nicht, oder ist das dort unten wirklich der Rhonegletscher, auf dessen Rücken wir später wieder zu Strassen und Gasthäusern gehen wollen? Und der düstere Riese dort drüben: das Finsteraarhorn oder der Nanga Parbat?

Eine Dohle umkreist uns und lässt sich auf einem Stein bei den Fahnen nieder. In einer Lücke der Gipfelwächte tauchen der Mann und die beiden Frauen auf. Wir winken. Ihr Gelächter flattert zu uns herüber.

TÖDI
3614 m

In die Öde

▲

Wer den Tödi besuchen will, tut gut daran, sich kurz nach drei Uhr morgens von der Fridolinshütte aus auf den Weg zu machen. Er wird im Scheine seiner Lampe einen Pfad suchen, der ihn schon bald zu steilen Schneehängen bringt, einer Hütte entgegen, die auf einem Felssporn errichtet wurde, als allererste alpine Unterkunft gleich nach der Gründung des Schweizerischen Alpenclubs vor 150 Jahren. Als Zeitzeugin hat man sie hier gelassen, obwohl sie nicht mehr benutzt wird. Bei ihrem Bau stand sie gleich neben dem Gletscher, der durch das Tal hinter dem Sporn kriecht. Heute muss der Tödi-Ersteiger mit Hilfe eines gut fixierten Drahtseiles durch eine bröcklige Schieferwand auf den Firn hinunter klettern. Dort steht er dann, blickt zu den bizarren Eistürmen des Gletschers hinüber, hinter dem sich die grauschwarzen Felstürme von Selbsanft, Schiben und Bifertenstock erheben, und er weiss, jetzt kommt er in die Öde, die dem Berg den Namen gegeben hat, i d'Ödi.

Langsam verschafft sich die Morgenröte Platz am Sternenhimmel, und der Gebirgswanderer kann die Stirnlampe ausschalten; er geht nun, angeseilt inzwischen, über den Firn hinauf bis zur Gelben Wand, einer steinernen Bastion, die ihn noch vom Gletscher trennt. Hier wurden Ketten befestigt, Stahlseile auch, Sprossen sogar an einer leicht überhängenden Felsschulter, Pfeile wurden von den Glarner Bergführern fürsorglich auf Felsplatten gemalt, damit sich der Tödi-Sucher nicht in der Öde verliert, sondern sich willkommen und empfangen fühlt.

Das kann er auch brauchen, denn der Weg über aperes Eis und weichen Schnee, über Spalten und Schrunde, mit Steigeisen und Pickel, ist von entmutigender Endlosigkeit, und hinter jeder erklommenen Stufe erhebt sich die nächste, sodass er nach über sechs Stunden fast überrascht ist, dass hinter dem Gipfel kein zweiter Gipfel folgt. Aber das Kreuz lässt keinen Zweifel zu: das ist er, der höchste Punkt der Glarner Berge, und da sind sie alle versammelt, die Riesen der Alpenfaltung, vom Ortler bis zum Mont Blanc, unter einem grossen Himmel, viele davon hat er schon besucht, der Tödi-Gänger, und er weiss nicht, wie manchen er noch wird besteigen können, denn er wird jedes Jahr ein Jahr älter, und wie den Gletschern ihre Zunge, so schmilzt sein Vorrat an Zukunft.

Aber da leuchtet einer, gar nicht so weit weg, der hat sich sein schönstes weisses Kleid angezogen heute und träumt den Traum von der Pyramide, und als der Wanderer seinen Begleiter fragt, ob er den dort kenne, sagt dieser, das müsse das Rheinwaldhorn sein.

Das Rheinwaldhorn? Oh, das Rheinwaldhorn!

AGASSIZHORN
3946 m

Agassizhorn

Der Gipfel, 3946 Meter hoch, werde vergleichsweise selten bestiegen, lese ich in einer Routenbeschreibung. Ich gehe gern auf selten bestiegene Gipfel. Nicht einmal mein Bergführer, Berner Oberländer, somit in seinem Stammgebiet, war schon dort oben.

Je länger wir in der Morgendämmerung bergan gehen, desto weniger verstehe ich diese alpinistische Geringschätzung. Keine Spur ist zu erkennen, die diesen verzauberten Berg hinaufführt. Man muss den Weg selbst suchen zwischen mächtigen Gletscherspalten, bizarren Eisabbrüchen und Firntürmen, die wie Ruinenstädte eines Schneekönigs ihrem Zerfall entgegensehen. Einmal kommen wir an einer Eisarena vorbei, die durch eine Wand mit der Form einer Riesenmuschel abgeschlossen wird. Vielleicht tritt hier bei Vollmond die Tanztruppe der Gletscherprinzessin auf, eisschuppige Nymphen in zarten Nebelgewändern – doch jetzt ist es Tag, die Sonne ist soeben aufgegangen und bringt die Schneekristalle zum Glitzern und Gleissen, und die weisse Farbe ergreift die Macht über die Augen.

Durch ein steiles Firnfeld erreichen wir den Grat und kurz danach den Gipfel. Hier wird ein Grund für die seltenen Besteigungen sichtbar: der Nachbar. Es ist die mächtige Pyramide des Finsteraarhorns, die mir noch nie so düster und bedrohlich vorkam. Dort hinauf wollen fast alle, die hier unterwegs sind, auf den höchsten Berg des Berner Oberlands.

Auch ich hätte nicht das Agassizhorn als Ziel gewählt, hätte es nicht vor kurzem eine chancenlose Petition gegeben, welche den Gipfel umbenennen wollte. Der Schweizer Naturforscher, dessen Namen er trägt, war im 19. Jahrhundert Professor in den Vereinigten Staaten. In seinen Publikationen deklarierte er die schwarze Rasse als minderwertig und liess zur Illustration einen kongolesischen Sklaven namens Renty fotografieren. Aufrecht steht er da auf dem Bild, mit nacktem Oberkörper, und seine Augen blicken uns durch die Kamera und die 150 Jahre hindurch mit einem Vorwurf an, dem unser Blick nicht standhalten kann.

In der Hoffnung, es gebe ein Gipfelbuch, habe ich sein Foto und einige Kleber mitgenommen und ein Gedicht auf mein Blatt mit den Zugverbindungen aufs Jungfraujoch gekritzelt. Aber weder unter der Schneekuppe noch in den Felsen des Gipfelgrates steckt ein Behälter mit einem Buch, zu selten wird der Berg wohl begangen, und so ziehe ich mein Gedicht aus dem Rucksack, zusammen mit Rentys Portrait, und will es in einen Umschlag stecken, doch der heftige Wind reisst mir das Couvert aus den Händen und wirbelt es zum Finsteraarhorn hinüber. Ich stecke Renty mit steifen Fingern in das gefaltete Blatt hinein und versenke es möglichst tief zwischen zwei Steine, mein Bergführer schützt diese mit einer weiteren Steinplatte, die er darüber legt.

Dem Berg, denke ich beim Abstieg, dem Berg ist es gleichgültig, wie er genannt wird. Er heisst nicht, er ist.

Rentyhorn

Windig ist es hier oben
Renty
auf beinah 4000 Metern
und kalt
doch immer noch wärmer
als in Agassiz' Schriften
über die Rassen
in denen du herhalten musstest
mit deinem Bild
als Beispiel
für eine minderwertige.

Ich denke an dich
und an alle
die mit dir litten
deswegen
und immer noch leiden.

PIZ BERNINA
4048 m

Gratwanderung

«Bin ich hier richtig zum Biancograt?», fragte uns morgens kurz nach vier ein Deutscher, der unvermittelt hinter uns auftauchte. Wir gingen mit Stirnlampen auf dem Moränenpfad zur Fuorcla Prievlusa hinauf, und der Mann sprach so, als hätte er sich nach der Post oder dem Bahnhof erkundigt. Als wir seine Annahme bestätigten, fragte er, ob es uns störe, wenn er hinter uns hergehe, er habe seine Lampe vergessen. Kaum liess die Morgendämmerung die ersten Konturen erkennen, hastete er stumm an uns vorbei und entschwand unsern Blicken.

Wer den Biancograt erreichen will, ersteigt von der Tschiervahütte zuerst die Fuorcla Prievlusa, den «gefährlichen Pass», und tatsächlich wurde er in den letzten Jahren ständig gefährlicher, ein abschüssiges Eisfeld unterhalb der Passlücke wurde zunehmend von Steinschlägen heimgesucht, und so haben die Pontresiner Bergführer vor ein paar Jahren eine neue Kletterroute mit Sprossen, Ketten und Drahtseilen zur Fuorcla eingerichtet.

Es dauerte länger als ich erwartet hatte, bis wir auf der Furke standen, und damit waren wir immer noch nicht am

Grat, sondern mussten zuerst über eine grosse Felsbastion, und dann erst konnten wir die Steigeisen an die Schuhe schnallen, um den mächtigen weissen Sporn aus Firn und Eis zu betreten.

Einen Gendarm, der sich aus ihm erhebt, umgingen wir nicht, sondern überkletterten ihn mit den Steigeisen; die unendlich vielen Kratzer auf den Steinen zeigten an, dass es die meisten wohl auch so machen, und dann sahen wir nichts mehr vor uns als diesen Kamm, der sich oben in ein paar Wölkchen verlor, als sei er Jakobs Leiter in den Himmel.

Wir waren zu dritt, mein Bergführer Adolf, seine Frau Vreni und ich. Mit einer Mischung aus Freude und Schrecken stieg ich nun Schritt für Schritt hinter Adolf hoch und versuchte vor allem auf seine Füsse zu blicken, denn für jemanden, der nicht schwindelfrei ist, ist der Blick in die Abgründe links und rechts von der Gratkuppe schwer erträglich, und wenn immer möglich gingen wir genau auf der Gratkuppe. In meinem Innern entbrannte ein Kampf zwischen der Phantasie, welche mir die verschiedensten Rutsch- und Sturzmodelle vorführte, und der Vernunft, die wusste, dass mein Bergführer diesem Grat gewachsen war, dass er sonst weder mich noch seine Frau mitgenommen hätte und dass somit auch ich diesem Grat gewachsen sein sollte.

Das musste ziemlich bald unter Beweis gestellt werden, als wir einen Schrund erreichten, der nur überwunden werden konnte, indem man ziemlich tief in die rechte Eiswand abstieg. Adolf prüfte eine Schneebrücke, die in der Spalte lag, befand sie für tragfähig, schlug von dort einige hinderliche Eiszapfen ab, erklomm dann den oberen Rand des Schrundes unter Missachtung der Schwerkraft, pickelte uns einen Griff und zwei, drei Stufen, stieg weiter die Eiswand hoch, bis er wieder den Gratkamm erreicht hatte, bohrte eine Sicherungsschraube ins Eis, hängte einen Karabiner daran, zog das Seil hindurch und rief mir dann seinen Berner Oberländer Ermunterungsspruch zu: «Chaisch cho!», du kannst kommen. Also, sagte ich mir, dann komm ich, betrat vorsichtig die Schneebrücke, sie hielt, ich suchte mit der linken Hand einen Griff, fand keinen, schwang dennoch das rechte Bein in die Höhe, rutschte aber wieder zurück auf die Brücke. Vreni zeigte mir nun, wo der Griff war, ich schlug das Pickelblatt hinein, suchte mit dem linken Fuss einen Tritt möglichst weit oben und schob nochmals das rechte Bein auf das obere Eisfeld, aber wenn mich Vreni von hinten nicht gestossen hätte, wäre ich erneut zurückgefallen. Als Gegenleistung zog ich sie, da ihr der grosse Schritt auch nicht gelang, am Seil zu mir hoch, und dann stiegen wir beide über die blanke Steilfläche zu Adolf hinauf, indem wir die Spitzen der Steigeisen ins Eis rammten und jeden Schritt mit einem Einschlagen des Pickels unterstützten. Zum Glück steige ich zu Hause sehr viel die Treppe hoch, wenn auch unter weniger exponierten Umständen.

Die Bewölkung nahm nun zu, ein klarer Verstoss gegen die Wetterprognose, allerdings milderte das auch den Blick in die Tiefe ein bisschen, indem diese zeitweise einfach zugedeckt wurde. Plötzlich fiel mir auf, dass viele Falter über dem Grat flatterten, tanzten geradezu, als hätte der Grat zu einem Fest geladen, sogar ein Schmetterling war dabei, ich glaube, es war ein Admiral. Ob sie freiwillig da waren, auf dem Weg nach Süden, oder unfreiwillig, von den thermischen Winden heraufgetragen ohne Chance zur Gegenwehr? So oder so, die Nacht würden sie hier oben kaum überleben, ich hoffte, sie würden für ihren Totentanz wenigstens durch ein Wohlgefühl belohnt.

Von Wohlgefühl wurde ich erfüllt, je höher wir stiegen, und irgendeinmal, nach zwei oder drei Unendlichkeiten, hatten wir das Ende des Grates erreicht, und ich konnte von ihm in der Vergangenheit sprechen. Der Gipfel war es zwar noch nicht, denn nun wartete die Traverse zum Piz Bernina auf uns, die der Erstersteiger des Biancogrates als «absolument impossible» bezeichnet hatte, bevor er mit seinen Führern wieder umgekehrt war. Was vor 140 Jahren unüberwindbar erschien, ist heute längst Teil einer klassischen Route geworden, eine luftige, höchst ausgesetzte Kletterei auf 4000 Metern über mehrere Grattürme und Scharten, die ich, wohlgesichert von meinem alpinen Ehepaar, mit einem tänzerischen Genuss hinter mich brachte, oft richtete ich mich auf den schmalen Felsplatten auf und balancierte von einer zur nächsten. Und kurz vor Mittag dann die Ankunft auf dem Gipfel, wo wir die deutsche Dreierseilschaft trafen, die vor uns aufgestiegen war und deren «Berg Heil!» wir mit «Gratulation!» oder wie Vreni einfach mit «Bravo!» quittierten.

Mein Wohlgefühl steigerte sich zum Glücksgefühl. Ich schaute zum Piz Morteratsch hinüber, von dem ich als 16-Jähriger erstmals hier herübergeschaut und gedacht hatte: Wenn ich da einmal hinauf könnte.

Hinunter muss man allerdings auch wieder, und auch die Normalroute verlangt das Beschreiten zweier exponierter Firngrate und einiger Felsnasen. Auf dem Gletscherfeld, in das man zuletzt aussteigen muss, war schon von weit oben eine äusserst markante Spur zu sehen. Als wir sie später betraten, merkten wir, dass sich das schmelzende Eis die Spur als Bachbett genommen hatte, und wir mussten sie nach kurzer Zeit verlassen.

Unter dem Gletscher steht das Rifugio Marco e Rosa, hierher kommt man nur auf Hochtourenwegen, der ganze Vorplatz der Hütte war übersät mit all dem martialischen Zeug wie Klettergürteln, Pickeln, Helmen, Eisschrauben und Steigeisen; Schuhe, Gamaschen und Socken waren zum Trocknen in die Sonne gelegt, Bergsteiger hockten vor ihren Seilen wie Fischer, die ihre Netze flicken. Wir legten unsere trocknungsbedürftigen Ausrüstungsgegenstände dazu und gingen in die Hütte, sie liegt auf italienischem Gebiet und wird von Italienern betrieben, es gibt wunderbaren Cappuccino und köstliche Antipasto-Plättchen, und beim Nachtessen stiessen wir mit Chianti di Firenze an. Adolf, der so tadellos und kenntnisreich geführt hatte, gestand mir, dass er zwar schon auf dem Piz Bernina gewesen sei, aber noch nie über den Biancograt. Draussen blitzte und donnerte es, ich war überschwänglich und melancholisch, in zwei Lebensepochen gleichzeitig war ich heute gegangen, hatte, alternd, die Jugend heraufbeschworen und meinen letzten Traumberg bestiegen – wovon sollte ich jetzt träumen?

Am nächsten Morgen dann um sechs Uhr von der Hütte aufzubrechen, gehörte schon fast zum Erholungsprogramm, wir wanderten mit der Gemächlichkeit einer Wellnessgruppe der aufgehenden Sonne entgegen, an Eisabbrüchen vorbei und über die Spalten des Bellavistagletschers, ohne den Druck, einen Gipfel erreichen zu müssen. Ab und zu sah ich einen erfrorenen Falter im Schnee. Die Bellavista steht wie eine Kopie neben dem dreigipfligen Piz Palü, und als wir unter dem Mittelgipfel standen, schaute mich Adolf an und sagte, mi würds scho na gluschte, da ufezgah. Die Spur schien heute noch unbegangen, ich deponierte meinen Rucksack im Firn und schloss mich mit Vreni zusammen Adolfs Gelüsten an. Nach dreiviertel Stunden standen wir auf der Schneekuppe und blickten auf den gewaltigen Gletscherfirn, der sich auf der italienischen Seite ausbreitet, und auf den Piz Bernina, indem wir in Gedanken nochmals die Szenen von gestern nachstellten.

Der Abstieg ins Tal wurde dann sehr lang und immer weniger erholend, er ist mit einer Kletterei über die Fortezza verbunden, ein Felsgebilde, auf dem man mit orangen Pfeilen um die richtigen Kanten herumgelotst wird wie von einer Verkehrssignalisation.

Zuletzt der Gang über den Morteratschgletscher, der sozusagen unter unsern Füssen wegschmolz. Der ganze Gletscher gurgelt und blubbert und sprudelt und rauscht und tost, aus dem einmündenden Persgletscher schiesst ein mächtiger Wasserfall, aus dem Gletschertor strömt braunes Hochwasser, und über allem steht der Piz Bernina mit dem Biancograt, und wer in 44 Jahren dort hinauf will, findet den Firn vielleicht nimmermehr und muss seinen grauen Buckel auf einem Kletterpfad mit Sprossen, Stangen und Drahtseilen erklimmen.

GRAN PARADISO
4061 m

Das grosse Paradies

So viel Weiss.

Stellen wir uns so das Paradies vor? Oder das Sprungbrett zum Paradies, unmittelbar unter einem grossen blauen Himmel? Der Gran Paradiso soll der höchste Gipfel sein, der ganz in Italien liegt.

Zu fünft sind wir, die wir dieses Paradies betreten möchten. Wir haben in der Hütte Vittorio Emanuele II übernachtet, einem königlichen Sitz sozusagen zu Füssen des Schneereiches, haben zur Nacht noch gesungen, «Der Mond ist aufgegangen», mit allen Strophen, von der Ukulele eines leidenschaftlichen Sängers in unserer Mitte begleitet.

Ein paar andere Gruppen sind auch da, der Gipfel gilt nicht als schwierig und erfordert mehr Ausdauer als Können.

Beim Aufstieg durch die Felslandschaft vor dem Gletscher in der Morgendämmerung fällt mir eine Frau auf, die hinter einem Steinblock zurückbleibt, bevor sie wieder den andern hinterherläuft.

Nach einiger Zeit erreichen wir den Gletscher, der sich bis zum Gipfel erstreckt. Die Sonne geht auf, wir seilen uns an, tragen Sonnencrème auf, ziehen unsere Sonnenbrillen an, damit unsere Augen all dem Glitzern und Gleissen gewachsen sind, und dann beginnt der eigentliche Aufstieg zum Paradies, durch lauter unbeflecktes Weiss, in dem unsere Schuhe und Pickel nur leichte Abdrücke hinterlassen.

Auf einmal aber eine Hässlichkeit gleich neben der Spur, eine bräunliche Sauce mit zwei zerknüllten Papiertaschentüchern. Noch während ich mir überlege, was wohl dazu führte, dass sich hier jemand nicht mehr zurückhalten konnte, sind von weiter oben Rufe zu hören, jemand aus einer vorderen Seilschaft bittet um Anhalten, reisst die Hosen herunter und kauert sich neben die Spur, und nun erwischt es einen nach dem andern. Die Plötzlichkeit der Attacke macht alle schamlos, Männer und Frauen, und die Spur zum Gipfel wird nach und nach mit Exkrementen markiert.

Hinderlich sind dabei die Klettergürtel mit den ganzen Seilknoten – einem ist es nicht mehr gelungen, sich aus seiner Kleidung zu befreien, und er steht ungläubig da, blickt auf seine nass und braun gewordenen Hosen und sagt auf Berndeutsch: «I has müesse la fahre.»

Heikel wird der kurze Gang über den Gipfelgrat, einen Engpass, auf dem man sich mit Absteigenden kreuzen muss, die mit gequälten Gesichtern möglichst schnell die grosse Schneefläche zu erreichen suchen.

Ich geniesse den Blick zum Mont-Blanc-Massiv hinüber und lächle ein bisschen über das Verdauungsdrama, von dem ich bisher unberührt bin. Ich lächle immer noch, als sich unser Bergführer beim Abstieg ebenfalls kurz entfernen muss und einige Schritte von uns wegrennt, aber dann trifft es auch mich. Etwas anderes als sofortiges Nachgeben ist unmöglich. Sämtliche vorhandenen Apotheken werden nun nach Durchfalltabletten abgesucht, doch so schnell wirken sie nicht. Ein

Diarrhöeteufel schwingt seine Peitsche im Paradies und zwingt die meisten von uns mit unwiderstehlicher Macht ein zweites und drittes Mal in die Hocke.

Am Ende des Gletschers, beim Losseilen, ein Blick zurück, die blendende Idylle ist von stinkenden Flecken durchsetzt, die Sehnsucht nach Vittorio Emanueles Toilette ist gross, und als mir ein Paar entgegenkommt, von dem mich der Mann fragt, ob ich sie beide fotografieren könne, rufe ich: «Io no, io devo cacare!» und renne mit langen Schritten zur Hütte, die ich gerade noch rechtzeitig erreiche.

Das Hüttenpersonal kann sich nicht erklären, was da ins Essen geriet, denn von ihnen hat das Unheil niemanden erreicht, und sie hätten, sagen sie, dasselbe gegessen wie wir. Aber sie versorgen uns mit Tee und Zitronensaft, der Berner wäscht seine Hosen am Brunnentrog, nach einer Weile kehrt die Ruhe in unsere Gedärme zurück, und wir gehen ins Aostatal hinunter. Das grosse Paradies übergeben wir unserer Erinnerung, aber ganz weiss wird es nie mehr werden.

EIGER · MÖNCH

3970 m · 4107 m

Zu Berg

Als ich am Hauptbahnhof in Zürich meinen Zug besteigen will, muss ich mir durch eine grosse Menge von Tamilen den Weg bahnen, die alle festlich gekleidet in Gruppen herumstehen. Einer von ihnen verteilt den andern Papierfähnchen. Ich kaufe am Kiosk noch schnell eine Schokolade, die mir in meinem Picknick fehlt, und frage einen Tamilen, der nach mir dran ist, ob sie Nationalfeiertag hätten, und er sagt mir, ja, und sie gingen alle nach Genf, vor die UNO.

Ich bin froh, dass ich nicht nach Genf vor die UNO muss und nehme den Zug nach Bern. Erst als ich drin bin, merke ich, dass es derselbe ist, der von Bern auch noch bis Interlaken fährt. Dort steige ich in den Zug nach Lauterbrunnen um. In Lauterbrunnen, dem Ort im Talboden, auf den der Staubbachfall hinunterfällt, welcher schon Goethe begeistert hatte («Seele des Menschen, wie gleichst du dem Wasser ...») und in dessen mittlerer Höhe jemand eine Schweizerfahne befestigt hat, gleich neben der Gischtfahne, man fragt sich, wie, in Lauterbrunnen also muss man in die Jungfraubahn wechseln, und da dort auch die Allmacht des SBB-Generalabonnements endet, löse ich am Schalter ein Billett mit der Destination «Eismeer». Der Gedanke, dass man von jedem Ort der Schweiz eine solche Fahrkarte lösen kann, beschwingt mich, ein Billett, auf dem steht «Muttenz-Eismeer», muss eine Verheissung sein, besonders in diesen Sommertagen, die zu den heissesten der letzten Jahre gehören. Adolf, mein Bergführer, erwartet mich hier, zusammen mit seiner Frau Vreni, die uns auf dieser Tour begleiten wird.

Eiger, Mönch und Jungfrau, die Kulissen des schweizerischen Mittellandes, werden immer näher gerückt, bis sie auf der Kleinen Scheidegg vor uns haltmachen, als wollten sie uns fragen, ob wir wirklich in ihrem Stück mitspielen wollen. Das wollen wir, und wir kriechen nun mit der Zahnradbahn in den Eiger hinein, in der Eigerwand hält sie an, damit sich alle Fahrgäste an den Schaufensterscheiben, hinter denen die Eigernordwand ausgestellt ist, die Nasen plattdrücken können, auch an der Station Eismeer gibt es einen Aussichtshalt, nach welchem alle wieder einsteigen, ausser den wenigen, die von hier aus die Bühne des Bergtheaters betreten wollen, und zu denen gehören wir. Erstmals seile ich mich auf einem Bahnhof an, dann steigen wir durch einen langen Felsenstollen hinunter, bis wir vor einer eisernen Türe stehen, und als sie sich krächzend öffnet und uns aus dem Urgestein entlässt, stehen wir mitten in einem mächtigen Bergkessel auf dem Gletscher.

Der Bergführer zeigt mir, wo sich die Hütte befindet, zu der wir aufsteigen müssen, sie steht genau auf einem Absatz des Eigergrates und sieht nicht aus, als ob sie zu Fuss erreichbar wäre. Adolf geht aber offenbar davon aus, und wir marschieren nun über den Gletscher an den Fuss einer Felswand, klettern ein Stück darin hoch und erreichen ein Schuttband, das einem Weg gleicht, und diesem Band folgen wir so lange, bis wir die Hütte erreicht haben.

Von hier aus sehe ich erst, dass der Eiger wirklich eine Kulisse ist. Während seine Nachbarn Mönch und Jungfrau grosse Klötze sind, deren Rückseiten sich weit abfallend gegen den Aletschgletscher hin erstrecken, steht er aufgerichtet wie eine Scheibe da, zeigt der ganzen Welt seine berüchtigte Nordwand, und hinter ihm ist nichts, nichts als eine nackte Südwand, die zu durchsteigen fast noch sinnloser ist als die Nordwand, er besteht also eigentlich nur aus diesem Grat, der sich turmhoch über der Hütte erhebt und über den wir morgen den Gipfel erreichen wollen. Ein Gast eines Bergführers, den wir schon im Zug getroffen haben, schaut ähnlich beklommen wie ich seinem morgigen Auftritt entgegen und murmelt zu mir etwas von einem Bubentraum. Ich beneide ihn um dieses Argument, denn ich weiss nicht genau, um welche Art von Irrsinn es sich bei mir handelt.

Die Hüttenwartin kocht das Essen, sie ist eine fröhliche junge Frau und verbringt schon den zweiten Sommer hier oben, ohne auch nur einen Tag ins Tal zu gehen, oder zu fliegen. Souverän teilt sie die Essensgäste in Schichten ein, wir sind in der zweiten Schicht, und ich sitze direkt neben der grossen Eisenstange, welche die Verankerung der Hütte darstellt, und in welche, wie ich höre, bei Gewittern die Blitze einschlagen und einen Funkenregen in der Hütte verbreiten. Die Küche ist in einer neuen Biwakbaracke gleich daneben, in der wir übernachten, da die Hütte schon voll ist. Die Baracke trägt den Namen eines Grindelwalder Bergführers, der seit 1973 im Finsteraarhorngebiet vermisst wird, sein Foto hängt in unserm kleinen Schlafraum, ein junger Mann, der mit einer Gletscherbrille unternehmungslustig in die Höhe blickt, und ihm über die Schulter blickt das Finsteraarhorn, und er weiss offensichtlich noch nicht, dass es ihn zum Opfer erwählt hat. Heute wäre er vielleicht so alt wie ich.

Mit den Worten «You two!» weckt ein Bergführer um drei Uhr seine zwei japanischen Gäste, und da wir alle in diesem Raum über den Grat wollen, sind wir alle gemeint und stehen hastig auf, suchen mit unsern Taschenlampen nach Socken, Kappen und Gamaschen, stellen uns vor der Toilette auf der Rückseite der Hütte an, deren Schlund offen in der Steilwand endet, wo Kot und WC-Papier ein unappetitliches Delta bilden, für manchen Berggänger ein Grund, seinen Stuhl einen ganzen Tag lang zu unterdrücken und mit sich über den Grat zu schleppen. Mir gelingt es trotzdem, ihn loszuwerden, vermutlich ist meine Angst einfach gross genug.

Noch scheint der Mond und erhellt eine unglaubliche Szene. Wolken treiben auf die Eigernordwand zu und brechen sich an ihr wie eine Brandung, die sich bis zum Gipfel überschlägt, und darunter schimmern immer wieder die Lichter von Grindelwald wie eine Korallenstadt vom Meeresgrund herauf. Am Grat sind bereits die ersten Seilschaften unterwegs, als Bergmannslichter flackern sie mit ihren Lampen am Kopf langsam höher. Es sind die, welche von der fröhlichen Hüttenwartin zum ersten Frühstücksgang eingeteilt wurden, den man stehend vor ihrer Biwakküche einnimmt, wie im Hotel wird man gefragt «Tee oder Kaffee?», und man kann sich auch selbst ein Birchermüesli aus einem grossen Topf herausnehmen. Da mein Bergführer vor einer Tour immer Tee trinkt, weil die Flüssigkeit im Körper länger herhalte, trinke ich auch Tee, ich mache alles, was er macht.

Schon nach kurzer Zeit haben wir im letzten Mondlicht das erste fixe Seil erreicht, das der Grindelwalder Bergführerverein an einem Gratturm befestigt hat, um den es kein Ausweichen gibt. Der Bergführer klettert so lange voraus, bis ich ihn nicht mehr sehe, dann ruft mir seine Stimme zu: «Chaisch cho!» Ich ergreife das fixe Seil, suche mit den Füssen kleine Tritte und arbeite mich langsam in die Höhe, die Abgründe links und rechts nicht beachtend, zwei- oder dreimal finde ich keine Tritte und ziehe mich tarzanartig mit den Armen am Seil hoch. Es beruhigt mich, dass mich das Bergführerehepaar in die Mitte genommen hat, er klettert voraus, sie hinter mir nach. Die beiden haben zwei kleine Kinder, die ich auch kenne, die Tochter hat mir kürzlich eine selbergeschriebene Geschichte von einer Wunderblume geschickt, die sprechen kann. Wenn die beiden hier durchgehen, als ob nichts wäre, denke ich, dann kann ich gut mitgehen, die wollen ja auf alle Fälle wieder zurück zu ihren Kindern.

Als die Sonnenstrahlen den Schneegipfel des Mönchs rötlich färben und uns kurz danach selbst erreichen, ist es mir, als würde mir persönlich mitgeteilt, dass der Tag angebrochen ist. Die Gipfel ringsum wissen schon Bescheid, und auch die Gletscher tiefer unten werden es nach und nach erfahren, aus dem Eismeer ist immer wieder das Krachen zerplatzender Eisberge zu hören, manchmal sehen wir sogar, wo ein Stück abgebrochen ist und auf einem Felsbuckel zerstiebt. Wir machen eine kleine Rast, und kaum haben wir uns hingesetzt, um etwas Brot und Käse zu essen, landen neben uns zwei Bergdohlen und schauen uns, die Köpfe schräg geneigt, erwartungsvoll an. Ich bin gerührt, dass sie uns in dieser unwirtlichen Höhe begleiten und glaube, ich würde ihnen auch noch eine Krume zuwerfen, wenn ich schon am Verhungern wäre.

Nach fast fünf Stunden haben wir den Gipfel erreicht, sehen auch in die Ausstiegsrinnen der Eigernordwand hinunter, mit Schaudern ich, mit Wohlgefallen mein Bergführer, der die Wand schon zweimal durchstiegen hat, im Sommer und im Winter. Viel Boden gibt es nicht auf dem Kulissengipfel, einige Biwakplätze sind mit aufgeschichteten Steinmäuerchen hergerichtet worden, eine Gruppe von drei Bergsteigern ist gestern Abend um acht Uhr von der Hütte zur Tour aufgebrochen und hat den ganzen Grat beim Mondlicht überstiegen, offensichtlich haben die drei hier oben geschlafen. Wer auf dem Gipfel ist, gratuliert sich händeschüttelnd, für Frauen gibt es Küsse, hinter uns kommt ein Tiroler Bergführer mit einer Frau als Gast, wir sassen gestern beim Nachtessen neben den beiden.

Wir lassen uns knapp unterhalb des Gipfels nieder, trinken und essen etwas und blicken in die Tiefe, auf die Kleine Scheidegg hinunter, auf welche der Eiger ein gewaltiges Schattendreieck wirft, ein Zug von Wengen fährt wie eine Modelleisenbahn in die Höhe. Ringsum in der Nähe und der Weite andere Gipfel, man raunt sich die Namen zu wie die von berühmten Schauspielern, denen man plötzlich selbst begegnet, siehst du dort drüben den Mont Blanc, oh, schau mal, das ist doch das Lauteraarhorn, und dort hinten die ägyptische Firnpyramide, das Weisshorn, einer meiner Traumberge.

Aus Erfahrung weiss ich, dass eine Tour mit dem Erreichen des Gipfels nicht beendet ist, es kann ohne weiteres sein, dass der Abstieg beschwerlicher wird als der Aufstieg. Die meisten steigen über die Westflanke, eine steile und ungemütliche Schutthalde, auf die Kleine Scheidegg ab, wir begeben uns auf die hintere Gratrippe, welche zu den Eigerjöchern hinunterführt. Schon bald kommen wir zu einer Abseilstelle, der Bergführer trifft alle erforderlichen Sicherungsvorbereitungen, ordnet mit lockerer Hand Knoten, Schlingen und Karabiner wie ein Seemann und schickt uns dann ins Leere hinunter, die Beine sollen wir an den Fels stemmen und getrost in sozusagen horizontaler Lage hinunterlaufen, wie eine Fliege an der Stubenwand. Ich bin froh, dass die Frau des Bergführers zuerst geht, sie ist, sage ich mir, die Mutter der Wunderblumentochter, und ich wandere horizontal einen leichten Überhang hinunter, bis ich auf einem kleinen Absatz bin, auf dem auch schon die Frau des Bergführers steht, die selbstverständlich mehr ist als einfach die Frau des Bergführers, nämlich Lehrerin.

Auf dem ersten Eigerjoch angekommen, bestätigt sich meine Befürchtung, die ich schon beim Blick vom Eigergipfel hegte, nämlich dass es nun einen nächsten Grat zu übersteigen gilt, der nicht weniger schroff aussieht als derjenige von heute Morgen, er hält zum Beispiel eine Stelle für mich bereit, wo ich von einer Felswand über eine Spalte die nächste Felswand erreichen muss, die nur einen einzigen sichtbaren kleinen Tritt für meinen Fuss hat, nämlich an der Kante über dem Nichts, und von diesem Tritt muss man sich hinter die Kante schwindeln und dann wieder zum Grat hochziehen. Ich rufe meinem Bergführer, der hinter der Kante nach oben verschwunden ist, die überflüssige Frage zu, ob ich gut gesichert sei, freundlicherweise nimmt er sie ernst und bejaht, doppelt habe er mich gesichert, was immer das heisst, und Vreni hinter mir ergänzt, auch sie habe mich gesichert, und falls ich falle, hänge ich wie an einer Wäscheleine. Gleichermassen beruhigt und angeekelt vom Gedanken, wie ein Waschlappen an einer Leine zu baumeln, wage ich den Schritt und bin überrascht, wie einfach er ist, wenn man dran glaubt, dass man ihn machen kann.

Beim nächsten Rastplatz stinkt es so, dass wir etwas weiterrücken, es gelingt doch nicht allen, ihrem Entleerungsdrang bis zuletzt zu widerstehen. Es wird nun immer heisser ein erschreckend abgründiges Firnfeld, das es zu traversieren gilt, verlangt den Gebrauch der Steigeisen, deren Anschnallen für jemanden, der das nicht täglich macht, mühsam und qualvoll ist, welcher Riemen kommt durch welchen Ring, soll man ihn zuerst quer über den Schuh oder zur Spitze des Schuhs ziehen, oh, die Ferse steht nicht ganz drin, alles nochmals abnehmen und von vorn anfangen, und die Schnalle muss aussen am Schuh sein, damit man sich beim Gehen nicht verheddert, aber dann tritt man so selbstbewusst auf den Firn, als seien die Krallen an den Füssen angewachsen. Die Kundin des Tiroler Bergführers lässt sich die Eisen von Anfang an von ihm anziehen, der wie ein treuer Diener vor ihr kniet, «Full service!», sagt sie strahlend zu mir.

Endlich ist das zweite Eigerjoch erreicht, mein Bergführer schlägt dem Tiroler Kollegen vor, unsere Seilschaften für den bevorstehenden Gang über den Gletscher zusammenzuhängen, da eine Fünfergruppe für eine Gletscherspalte schwerer zu schlucken ist als eine Zweiergruppe. Dann betreten wir den Gletscher, der den Anfang einer unendlichen weissen Fläche bildet, die schlicht «Ewigschneefeld» genannt wird. Vor uns auf einem Buckel eine Reihe von bizarren Schneetürmen am Ende eines Gletscherabbruchs, einer stürzt vor unsern Augen lautlos in sich zusammen, ein Opfer der Sonne, die triumphierend ihre Strahlen vom Himmelszenit verschiesst. So zügig wie möglich überqueren wir den Schrund, ein grosser Schritt wird verlangt, ein Sprung eher, wir leisten ihn alle und gehen dann rasch aus dem möglichen Sturzfeld des Abbruchs weg, ich denke an den Vers von Uhland, den ich einmal in der Stuttgarter Strassenbahn gelesen habe:

O, brich nicht, Steg! du zitterst sehr.
O, stürz nicht, Fels, du dräuest schwer.
Welt, geh nicht unter, Himmel, fall nicht ein,
Eh ich mag bei der Liebsten sein!

Prosaischer spricht man bei solchen Stellen von objektiven Gefahren, welche drohen, und ich bin erleichtert, dass es bei der Drohung geblieben ist.

Für den Schlussaufstieg durch die gleissende Nachmittagssonne muss ich meine physischen und psychischen Reserven hervorholen, die beide schon fast aufgebraucht sind, und als wir nach insgesamt elf Stunden auf der Mönchsjochhütte eintreffen, eröffne ich meinem Bergführer, dass ich kaum glaube, den Mönch morgen über den schwierigeren Westgrat besteigen zu wollen, und die Normalroute sei doch bestimmt auch schön.

Vreni verabschiedet sich nun, um zu ihren Wunderblumenkindern zurückzugehen, ich lege meine nassen Schuhe, Gamaschen und Socken in die Sonne, gehe mich dann sofort hinlegen und verfalle in einen anderthalbstündigen Dämmerschlaf. Nachher desinfiziere und pflastere ich meine kleinen Wunden, die ich vom Klettern an beiden Händen habe, und mache alle meine Sachen bereit, als ob es morgen so weiterginge.

Auch diese Hütte, bedeutend grösser als diejenige auf dem Grat, ist überfüllt, alle wollen bei diesem Augustwetter auf die Berggipfel, abends nach dem Essen darf ich mich mit Adolf an den Führertisch in der Küche setzen, wo es etwas ruhiger ist. Von einem der Kollegen, die hier sitzen, hat er mit Respekt erzählt, es ist derjenige, der eine Route durch die Eigersüdwand eröffnet hat, ich kann mir, nachdem ich sie von unten und oben gesehen habe, kaum vorstellen, dass sie zu durchsteigen ist, aber die Legende mir gegenüber lächelt, als ich sage, die Wand sehe recht gäch aus, und sagt, dafür habe sie unten Auslauf. So untertreiben sie, die Könner. Dann kommt die Rede auf die Veränderungen in den Bergen, die er beängstigend findet, die ständig fortschreitende Ausaperung macht ihm Sorgen. Direkt neben dem Publikumsausgang auf dem Jungfraujoch hat sich diesen Sommer der Gletscherschrund aufgetan, eine Pistenmaschine schiebt seither immer wieder Schnee hinein, um die riesige Spalte ungeschehen zu machen, aber wie lange man den jetzigen Stollenausgang überhaupt noch benutzen kann, ist ungewiss.

Als wir am nächsten Morgen im verbleichenden Mondlicht an der Stelle stehen, wo die Normalroute von der Spur zum Westgrat abzweigt, fragt mich Adolf, was ich nun lieber wolle, den gewöhnlichen Aufstieg oder die viel interessantere Überquerung des Westgrates. Ich schaue in den berückend schönen Sternenhimmel und sehe einen Kometen fallen. «Zum Westgrat», sage ich.

Mit grösserer Gelassenheit als gestern steige ich hinter ihm her, der «bösen Platte», die er mir als schwierig geschildert hat, spreche ich gut zu, sage ihr, dass ich sicher sei, dass sie eigentlich gern eine liebe Platte wäre, und das ist sie denn auch, wenigstens mit mir.

In der Scharte schliesslich, aus der man zum Gipfelfirn aussteigt, ist eine Gedenktafel für einen Bergführer angebracht, der hier vor acht Jahren mit seinem Bruder abgestürzt ist, ich bringe es nicht fertig, die Tafel nicht zu lesen, stelle aber keine Fragen. Wir ziehen die Steigeisen an, und beim anschliessenden Anstieg über den Gipfelfirn halte ich meine linke Hand mit dem dicken Handschuh wie eine Scheuklappe neben mein Gesicht, damit ich den Abgrund nicht sehe, der offenbar sogar Bergführern zum Verhängnis werden kann. Dann der schönste Moment, das Erreichen des sanften Firns, der zum Gipfel führt, wir sind ganz allein, es ist ganz ruhig, wir sind ganz hoch oben, und ganz langsam steigen wir zum Gipfel. Als er kürzlich neu vermessen wurde, stellte man erstaunt fest, dass er fast um zehn Meter gewachsen ist, was aber offenbar nur mit einem Fehler bei der letzten Messung zu tun hat und mit der Schwierigkeit, sich mit einer Schneekuppe über ihre genaue Höhe zu verständigen.

Vier Wiener, die über die Normalroute auf dem Gipfel eintreffen, möchten sofort ein Gipfelfoto von ihrer ganzen Gruppe, jeder mit seinem eigenen Apparat, was uns einiges zu tun gibt. Wir rächen uns dann mit der Bitte um ein Gipfelfoto von uns zweien.

Der Abstieg ist heikler, als ich mir vorgestellt hatte, der Mönch wird meistens als leichter Viertausender beschrieben, aber der Pfad über den Gipfelfirn ist überaus schmal, und die Wächten, die sich schon von ihm zu lösen beginnen, können jeden Moment abbrechen. Viele Seilschaften befinden sich noch auf dem Aufstieg, obwohl es schon gegen Mittag geht, auch Einzelgänger sind darunter, ich hoffe, dass niemandem etwas passiert, manche sehen nicht besonders trittsicher aus.

Erst als wir auf dem breiten Pfad zur Jungfraujochstation gehen, fragt mich Adolf, ob ich die Tafel oben gesehen habe. Er hat die beiden Brüder gut gekannt, und niemand weiss, was genau geschehen war, er nimmt an, da es im November passierte und ein enormer Wind ging, es hätte die beiden einfach «usegchuttet», vom Grat geweht. Der Bergführer, der gestern mit dem Bubentraumgast auf den Eiger ging, war der dritte Bruder der beiden.

Da stehen sie alle im Sonnenlicht, diese Gipfel, und wecken etwas in uns, das wir nicht verstehen, den Wunsch, dort hinaufzugehen, wohin es keinen Grund zu gehen gibt, und wir hoffen alle, dass wir wieder zurückkommen, und nur ab und zu bestrafen die Berge diesen Wunsch, lassen einen Stein fallen, geben einem Tritt nach oder stossen einen Windhauch aus und lassen das Stück tragisch enden. Letzte Woche sind am Mönch zwei junge Menschen zu Tode gestürzt, vor vier Tagen waren es zwei am Aletschhorn, eine davon, wie ich auf der Heimfahrt in der Zeitung lese, eine bekannte Wirtin aus Bern, erfahrene Berggängerin und in meinem Alter, und vorgestern sind auf den weissglänzenden Rockfalten der Jungfrau zwei Menschen tausend Meter in die Tiefe gefallen.

Ich aber, ich habe an beiden Tagen zum Gipfel meines grossen Traumberges hinübergeschaut, an den ich mich bis jetzt nicht wagte, und habe meinen Bergführer, mit dem ich in vierzehn Tagen nochmals abgemacht habe, gefragt, ob wir es als Nächstes mit dem Weisshorn versuchen wollen.

WEISSHORN
4505 m

Ein Weltuntergang

Der Gipfel des Weisshorns ist über 4500 Meter hoch, und er ist so klein, dass kaum mehr als die zwei Deutschen und mein Bergführer und ich Platz finden, um uns darauf niederzulassen. Wer zurücktritt, um ein Gipfelfoto zu machen, muss aufpassen, wo er sich hinstellt, es geht überall nur hinunter. Ein grosses Kreuz ist im Fels verankert, daran hängt ein echter Jesus, aus rostfreiem Eisen, und er tut mir leid, wenn ich daran denke, wie er hier lange Nächte durchfriert, von Gott und den Menschen verlassen. Mein Bergführer hat gleich nach unserer Ankunft das Seil um einen Balken des Gipfelkreuzes geschlungen, um uns zu sichern – so werden wir, während wir hier sind, durch Jesus gehalten.

Der Berg, auf dem wir stehen, ist eine Insel inmitten eines gewaltigen Wolkenmeers, aus dem immer wieder die Gischt zu uns heraufbrandet und die Sonne verschleiert. Einige wenige andere Inseln sind zu sehen, die Dent d'Hérens und das Matterhorn, auch sie umspült von den Wolkenwogen, die oft so hoch geschleudert werden, dass sie die Gipfel verdecken, und in der Ferne treibt wie ein Eisberg der Mont Blanc. Mitten im Meer erstreckt sich, als zeige es eine Untiefe an, ein breites schwarzes Band, und am Horizont türmen sich mächtige weisse Wolkenschiffe, Cumulusfrachter, die vor Anker liegen und auf ihre Entladung warten.

Wir sind um Viertel nach elf Uhr angekommen. Nach dem ersten Blick in die Runde, meinem Dank an den Bergführer und dem Händedruck mit den zweien, die schon oben sind, ziehe ich ein Werbegeschenk der Firma Sunrise aus dem Rucksack, eine Spezialsonnenbrille, halte sie vor meine Gletscherbrille und blicke zur Sonne hinauf. Ich schreie auf vor Erstaunen, obwohl ich nur das sehe, worauf ich seit langem durch verschiedenste Artikel und Sendungen vorbereitet bin: Der Sonne ist auf ihrer rechten Seite ein Stück herausgeschnitten worden, und zwar durch den Mond, der sich heute, einer ekliptischen Laune folgend, zwischen der Erde und der Sonne hindurchdrängt. Ich reiche die Spezialbrille herum, alle sind gleichermassen verwundert, dass das Erwartete auch eingetroffen ist. Darauf fotografieren uns die Deutschen mit unserm Apparat, wir fotografieren sie mit ihrem Apparat, dann machen sie sich auf den Abstieg, verschwinden, indem sie sich Anweisungen zurufen, rasch in der Tiefe, und wir bleiben allein zurück.

Eine Gipfelrast nach einem mehrstündigen Aufstieg verläuft sonst so, dass man, hin- und hergerissen zwischen Glücksgefühl und Leere, ein paar Berge zu erkennen und benennen versucht, ein bisschen Proviant zu sich nimmt und dann wieder absteigt, weil man weiss, wie lange es dauern wird und wie schwierig es werden kann.

Jetzt aber, da der Mond dieses eigenartige Spiel mit der Sonne treibt, beschliessen wir, länger oben zu bleiben, als Zuschauer, denn beim Blick auf das kompakte Wolkenmeer wird uns klar, dass wir uns, im Gegensatz zu den Hunderttausenden, die sich unten den Hals bis zur Nackenstarre verrenken, ohne etwas mitzubekommen, offenbar eine Art Logenplatz verschafft haben.

Was am Himmel passiert, ist nun ganz und gar unvermeidlich und folgt der astronomischen Logik, der Mond spielt sich immer mehr in den Vordergrund und stiehlt der Sonne ihre gewohnte Form. Alle paar Minuten vergewissern wir uns beim Blick durch die Sonderbrille über den ordnungsgemässen Verlauf dieses ausserordentlichen Ereignisses, und je ordnungsgemässer der Vorgang, desto grösser unser Erstaunen. Auch was auf der Erde zu geschehen hat, wurde uns schon von den Kenntnisreichen prophezeit, und doch, wenn es wirklich eintrifft, fragen wir uns, ist das nun wirklich das Prophezeite? Ist das schwarze Wolkenband etwa der Kernschatten des Mondes, und sollte er dann nicht auf uns zurasen statt untätig dazuliegen?

Als die Sonne etwa zur Hälfte abgedeckt ist, sage ich zu meinem Bergführer, ich hätte nicht den Eindruck, als leuchte sie weniger stark. Er setzt seine Gletscherbrille ab und schlägt mir vor, dasselbe zu tun, und siehe da, das Licht ist so stumpf geworden, dass mich selbst der sonst kaum auszuhaltende Blick in den Bergschnee nicht mehr blendet. Auf einmal merken wir, dass es kalt geworden ist, wir frieren an die Finger und schlagen die Hände wärmend um den Körper. Ein Wind ist aufgekommen, und es ist nicht derselbe, der diesen Morgen geblasen hat, aus dem Osten, sondern er weht aus dem Westen, von dort, wo der Mondschatten herkommt, sein Name ist Finsterniswind, und es wird nun so kalt, dass wir beschliessen, abzusteigen, bevor der Höhepunkt des Spiels erreicht ist.

Wir verabschieden uns vom Gipfel und lassen Jesus allein zurück, wie einen Bergtoten, dem man nicht mehr helfen kann, und bewegen uns über die Firnflanke abwärts, die steil wie eine Himmelsleiter ist, ich habe die Gletscherbrille nicht wieder aufgesetzt, denn der Schnee ist nun nicht mehr weiss, sondern grau, und das Wolkenmeer ist aschfahl geworden, selbst der schwarze Streifen ist ergraut, und die Berginseln sind erblasst, als seien sie Zeugen von etwas Schrecklichem geworden, Zeugen des Erlöschens einer grossen Kraft, welche, als wir im Abstieg innehalten und noch einmal durch die Schutzbrille nach oben blicken, zu einer liegenden Sichel geworden ist, die von der Schwere des Schattens erdrückt wird.

Die Sonne als Sichel, dieses Bild ist dem Mond vorbehalten, und die Berge wissen es, sie haben es oft genug gesehen, deshalb erbleichen sie, und noch strahlt die Sichel so stark, dass man sie nicht von barem Auge anschauen kann, aber dennoch ist ihre nährende, farben- und lebenspendende Kraft gebrochen, und hätte sich nun die Sichel nicht, wie vorausgesagt, wieder vergrössert, sondern wäre einfach so auf dem Rücken liegen geblieben wie ein besiegter Ringer, dann wäre vielleicht unter dem Wolkenmeer nichts mehr von der Welt, die ich kenne, übrig geblieben, und wir zwei hätten irgendwo am Meeresufer des Weisshorns verharren müssen und wären, wenn wir unsere letzten Dörrfrüchte gegessen, unsern letzten Tee getrunken und unsere letzten Notrufe durchgegeben hätten, ohne dass ein Helikopter mit rettendem Knattern erschienen wäre, auf den untersten Sprossen der Himmelsleiter langsam zu grauen Gestalten erstarrt, aneinander geseilt, mit Steigeisen an den Füssen und Eispickeln in den Händen, ein rätselhafter Anblick dereinst, für Astronauten aus fernen Galaxien.

SIGNALKUPPE

4554 m

Am Himmelsrand

Vier Tage lang bin ich am Himmelsrand gewesen.

Neunmal stand ich auf Gipfeln, die alle höher sind als 4000 Meter, auf Gipfeln, zu welchen man sich über Firnflanken und Gletscherschrunde hinaufarbeiten muss, Steigeisen in Eiswände rammt, am Seil eines Himmelsrandkundigen geht, der einen hielte, würde man plötzlich die steilen Abhänge hinunterrutschen, man folgt Spuren, welche bestürzend schmale Schneegrate hinaufführen, und darüber ist nichts zu sehen als der Himmel, meerblau, ohne Anfang, ohne Ende, und an den hohen Erdenkämmen brechen sich seine Lichtwellen, eine geräuschlose Brandung, und auf den Bergspitzen stehen wir im Lichtbad, ungläubig vor so viel Weiss und Blau ringsum.

Viele sind es, welche dem Himmelsrand huldigen möchten, von jeder der hochgelegenen Berghütten zieht am Morgen eine Prozession los, zitternde Lichtlein unter dem sternflackernden Nachthimmel, und wenn der Tag anbricht, werden sie zu winzigen Strichmännlein auf den Horizontlinien der gleissenden Kreten oder zu Punktkarawanen auf dem Netz der Gletscherpfade, das sich wie ein mündlich überlieferter Verkehrsplan durch die Eiswüste zieht, ein Plan, welcher nach jedem Schneesturm neu erstellt werden muss, zur Vincentpyramide und zur segnenden überlebensgrossen Christusfigur auf dem Balmenhorn, zur kleinen Madonna des Corno Nero, zur Ludwigshöhe, zur Parrotspitze und zur Capanna Margherita, der höchsten Berghütte Europas, die jeder Vernunft spottend zuoberst auf der Signalkuppe thront und die man, durch einen endlosen sauerstoffarmen Steilhang keuchend, am Schluss doch noch erreicht. Von dort blickt man wie aus einem Flugzeugfenster auf die Wolkenfiguren hinunter, die sich über der Lombardei aufzubauen beginnen, Seepferde, Buckelwale, Meeresungeheuer, die tanzend aufscheinen und wieder zerfliessen, bis aus dem von Dohlengeschrei erfüllten Abgrund hinter der Hütte ein grauer Vorhang hochgezogen wird, aus dem ein feindlicher Graupelschauer wirbelt. Auf der andern Seite jedoch, über der Dufourspitze und dem Matterhorn, scheint die Sonne – die Trennlinie zwischen Alpensüdseite und Alpennordseite verläuft wohl mitten durch die Küche der Königin Margherita.

Nachtwinde treiben das ganze Gewölk nach Nirgendwo, und auf der Zumsteinspitze, dem ersten und letzten Gipfel des vierten Tages, erwarten wir den Aufgang der Sonne. Er wird durch ein rosarotes Geschenkband angekündigt, das die halbe Erde umspannt, und als sich die Sonne nun mit der Selbstverständlichkeit einer Majestät zeigt, wird mir beim Gedanken, dass sie ja nicht aufgeht, sondern dass wir uns vor ihr verneigen, leicht schwindlig.

Dass der Abstieg vom Himmelsrand lang, sehr lang ist, kann nicht anders sein, doch die Gletscherabbrüche, unter denen wir durchgehen, halten, die Spalten, über die wir schreiten und springen, verschlucken uns nicht, und als mich auf dem Schutt der Seitenmoräne die ersten kleinen Bergmargeriten anblicken, als Boten einer Welt, in der Pflanzen, Gras und Bäume wachsen und Bienen und Hummeln summen, merke ich erst, wie weit weg ich war.

Epilog

Die vorangehenden Texte sind jeweils – mit Ausnahme von «Ein grosses weisses Auge» und «Das grosse Paradies» – kurz nach den Touren entstanden.

Über die zwei höchsten Berge, die ich in meinem Leben bestieg, habe ich nie etwas geschrieben. Während ich beim Zusammenstellen dieser Sammlung in Gedanken immer höher stieg, wuchs der Wunsch, zum Abschluss auch diesen beiden Gipfeln eine Reverenz zu erweisen.

MONT BLANC · POPOCATÉPETL

4810 m · 5462 m

Am höchsten

1999 nahm ich an einer Wanderung teil, die als «Pilgerreise» in sieben Tagen von Gsteig bei Gstaad auf den Mont Blanc führen sollte. Auf dem entscheidenden Schlussstück war ich einer Seilschaft zugeteilt, in welcher der dritte Mann nach wenigen Stunden bekanntgab, er könne nicht mehr und müsse umkehren. Nicht dass der Sonnenaufgang auf dem Mont Blanc du Tacul ohne Reiz gewesen wäre, aber natürlich wurmte es mich, denn ich fühlte mich um den Höhepunkt betrogen. Es sollte sich allerdings erweisen, dass dies für mich ein grosses Glück war, weil ich dadurch zu einem meiner schönsten Bergerlebnisse überhaupt kam.

Ein Jahr später erwartete ich meinen Bergführer Adolf in der Cabane Tête Rousse am Fuss des Mont Blanc. Ich war schon tags zuvor nach Chamonix angereist, war nun gemächlich hochgestiegen und hatte mich am Nachmittag hingelegt und ausgeruht. Gegen Abend traf Adolf in der Hütte ein und berichtete mir, dass er den Weg mit einem französischen Kollegen gemacht hatte, welcher während der Nacht zum Gipfel aufsteigen wollte. Er erzählte das so unternehmungslustig, dass ich ihn fragte, ob das für ihn auch eine Option wäre.

Und so brachen wir nach dem Nachtessen und einer Stunde Ruhezeit um zehn Uhr nachts auf und durchquerten zunächst im Schein unserer Stirnlampen die grosse Geröllwand, bevor wir auf die Firnbuckel und -grate dieses Eisriesen gelangten. Von da an beleuchtete der Vollmond die Spuren, mehr als das, er beleuchtete das ganze Massiv der Alpen, und je höher wir stiegen, desto weiter breitete es sich vor uns aus. Das stundenlange Gehen im harten Schnee, das knirschende Aufsetzen der Schuhe, das Einstecken des Pickels, dazwischen die Blicke in die nächtliche Ferne, die dünner werdende Luft, das alles brachte mich nach und nach in eine Art Trance, sodass ich manchmal das Gefühl hatte, es gehe ein anderer.

Langsam wich die Nacht dem Tag, und als bei unsern letzten Schritten über dem Gipfelgrat die Sonne aufging, kamen mir die Tränen.

▲

Und da gab es noch den Popocatépetl, der von der Stadt Mexiko aus durch die Dunstglocke mehr zu ahnen als zu sehen ist, als Warnung und Verlockung zugleich. Ein Vulkan, immer noch in Bewegung, aber wenn da kein Rauch aufsteigt, wenn weder Asche noch Lava ausgespien wird, darf man sich ihm nähern, kann in einer Bergunterkunft auf über 4000 Metern nächtigen und dann den Aufstieg wagen. Gesund sollte man sein, und ausdauernd, sollte auch keinen Schnupfen oder Husten haben, damit man die 5462 Meter erreicht, ohne von einem Höhenödem befallen zu werden. Diesen Ansprüchen glauben wir zu genügen, und so brechen wir vor Tagesbeginn auf, mein Reisekamerad und ich, und folgen den Wegspuren, die uns zuerst zu einer Schulter führen und von dort durch steile Schneefelder auf eine Scharte des Kraterrands.

Mein Freund, mit dem zusammen ich schon einige Gipfel bestiegen habe, ist im Gebirgskanton Graubünden aufgewachsen und durch Berge nicht so leicht aus der Fassung zu bringen. Umso mehr erstaunt mich sein geradezu ekstatischer Ruf, als er den Rand erreicht: «Franz, muesch cho luege!»

Ich schliesse zu ihm auf go luege und stehe vor einem Ausblick, der fast zu mächtig ist für einen einzelnen Menschen, einen gewaltigen Kessel, aus dessen Grau gelbe und rötliche Flecken leuchten und in dessen Tiefen über verschiedenen Spalten Rauchschwaden wabern, die ihren schwefligen Geruch bis zum Kraterrand hinauf senden.

Die spanischen Soldaten sollen auf den Eroberungsfeldzügen dort unten Schwefel für ihre Feuerwaffen geholt haben. Wir sind froh, dass wir keinen Schwefel brauchen und treten nun unsern Gang zum Gipfel an, wir versuchen uns nicht zu beeilen, sondern setzen bedächtig Fuss vor Fuss auf den schwarzen Lavaschotter, bis wir zuletzt auf dem höchsten Punkt sind und fast ungläubig um uns blicken, auf die feine Linie, welche das Meeresblau vom Himmelsblau trennt, auf die Stadt Puebla in der Nähe, auf die Stadt Mexiko in der Ferne, auf die Dämpfe in der Tiefe, und auf den erloschenen Nachbarvulkan gegenüber, dessen kaum aussprechbarer Name Iztaccíhuatl «weisse Frau» bedeuten soll. Die Spanier gaben ihm allerdings den Namen «schlafende Frau». Wer schläft, kann auch erwachen, was ich der schlafenden Frau durchaus zutraue.

Heute, 25 Jahre später, schläft sie immer noch, dafür wurde vor wenigen Tagen, so lese ich, der Popocatépetl wegen zunehmender Aktivität wieder einmal gesperrt. Vielleicht habe ich die Vulkane so gern, weil sie uns daran erinnern, dass die Erdgeschichte niemals abgeschlossen ist, sondern immer weiter erzählt wird. Die Berge sind nicht tot. Sie leben.

ANHANG

Quellenangaben

Der erste Berg, Auf Hörnli, Hellchöpfli, Der Speer,
Bei den drei Schwestern, Brienzer Rothorn, In der Innerschweiz,
Umkehren, Selbdritt, Gratwanderung
aus «52 Wanderungen» (Luchterhand Literaturverlag, München, 2005)

Frohburg, Lägerngrat, Regitzer Spitz, Der Gletscher,
Der Hausberg, Herbstbeginn, Traumpfad, In die Öde
aus «Spaziergänge» (Luchterhand Literaturverlag, München, 2012)

Ins Leere
*aus «Transhelvetica, Schweizer Magazin für Reisekultur»,
Nr. 17, Juli–August 2013)*

Ein grosses weisses Auge
aus «Glärnisch, Rosen auf Vrenelis Gärten», AS Verlag, Zürich, 2003)

Gratgelächter
aus «NZZ» (Zürich, 12.10.2012)

Agassizhorn
aus «Echo, Zeitschrift der Alpen-Initiative» Nr. 114, 17.11.2011)

Zu Berg, Ein Weltuntergang
aus «Zur Mündung», Luchterhand Literaturverlag, München, 2000)

Am Himmelsrand
aus «NZZ» (Zürich, 25.8.2009)

Der Unauffällige, Das grosse Paradies, Epilog
Erstveröffentlichungen

Bildnachweis

Umschlag Vorder- und Rückseite: Lukas Hohler
10 Monte Rossola: Franz Hohler
16 Frohburg: Franz Hohler
22 Lägerngrat: Franz Hohler
28 Hörnli: Emil Zopfi
34 Regitzer Spitz: Franz Hohler
40 Hellchöpfli: Daniel Anker
48 Lago di Lei: Franz Hohler
54 Speer: Manuel Haas
60 Morteratsch-Gletscher: Franz Hohler
64 Drei Schwestern: Marco Volken
72 Brienzer Rothorn: Franz Hohler
78 Brisen: Marco Volken
86 Mürtschenstock: Emil Zopfi
92 Ortstock: Franz Hohler
98 Der Hausberg: Franz Hohler
104 Glärnisch: Marco Volken
110 Uri Rotstock: Franz Hohler
114 Mittler Wissberg: Franz Hohler
120 Tscheischhorn: Franz Hohler
126 Galenstock: Lukas Hohler
130 Tödi: Franz Hohler
134 Agassizhorn: Adolf Schlunegger
140 Piz Bernina: Franz Hohler
148 Gran Paradiso: Marco Volken
154 Eiger, Mönch: Adolf Schlunegger
168 Weisshorn: Marco Volken
174 Signalkuppe: Franz Hohler
182 Popocatépetl: Carl Thöny